JN114692

A SYSTEMATIC APPROACH TO ENGLISH WORDS
5th Edition

EXERCISE BOOK

by

YASUSHI SHIMO
MASAHIKO TONE

SUNDAI BUNKO

はしがき

この問題集は，みなさんが『**システム英単語〈5訂版〉』で身につけた語彙力を，さまざまな角度から徹底的にチェックし，強化できる**ように作られています。

システム英単語が世に出て以来，シス単ユーザーのみなさんからは，**「シス単に出てくる順で意味を覚えているような気がする」，「ミニマル・フレーズを見れば単語の意味が浮かぶけど，ほんとうに覚えているかどうか不安だ」**などの理由で，**シス単で覚えたことをチェックする本がほしい**という声がたくさん寄せられていました。この問題集は，そのようなみなさんの声にこたえるために作られました。

人と同じように，**単語にも個性があります**。自動詞か他動詞かに注意すべき単語，前置詞といっしょに覚えるべき単語，数えられない単語，発音を間違えやすい単語，まぎらわしい派生語がいくつもある単語など，さまざまです。システム英単語本体には，**ミニマル・フレーズ**をはじめ，単語の使い方をマスターするための**語法 Q&A** や，派生語や発音・アクセントなどのポイントを get するための**ポイント・チェッカー**など，単語の個性を覚えるための工夫がたくさんつまっています。みなさんに，これらのシステムを駆使して**身につけた大切な知識の最終チェックをしてもらう**のが，この問題集のねらいです。

この本には，**システム英単語にエントリーされているすべての単語をカバーする問題が収録されています。見開き 2 ページが 1 セクションで，1 セクションは 30 単語（第 5 章の多義語は 20 単語）をカバーしています。**その設問の種類は，**意味を問うもの，似た語との区別を問うもの，ともなう前置詞を問うもの，派生語を問うもの，発音を問うもの**…など，一つ一つの単語の個性に合わせて選びました。また，**実際の入試問題から単語の意味や語法を問う実戦的な問題も収録**しました。

この問題集をフルに活用して，システム英単語の学習効果を飛躍的に高め，大切な知識をしっかり定着させてください。

*　　　*　　　*

この本の執筆にあたっては，駿台文庫の遠藤和絵さん，斉藤千咲さん，上山匠さんに，企画段階から細かい編集作業にいたるまで，たいへんお世話になりました。心から感謝いたします。

2020 年　春　　著者しるす

『システム英単語〈５訂版対応〉チェック問題集』の効果的学習法

覚えるのは簡単，でも**忘れない**のが難しい！
～　**新鮮な空気**を味わって！

知らない英単語は，何回か声に出し，書き出してみると，実は意外とすぐに覚えられます。でも問題はすぐに忘れることです。たとえば 100 個記憶したつもりでも，１時間も経てば 30 個忘れ，３日もすれば 70 個以上を忘れるというような経験を誰もがしているはずです。長期間記憶を保持するには，何度も繰り返し確認するしかありませんが，では同じ本を読み直すだけでいいのでしょうか。

もちろん繰り返しは重要ですが，同じ作業を繰り返していると飽きてしまいます。飽きない工夫ができるかどうか，これが成否を分けると言ってもいいでしょう。たとえばランニングを始めたとしましょう。来る日も来る日も同じコースの同じ景色の中を走るのと，**たまにコースを変えて新しい風景を楽しみながら走る**のと，どちらが長続きするでしょうか。同じ走るのなら，新鮮な景色を見て走る方が，楽しいし，長続きするはずです。

英単語の学習もこれと同じで，単語集だけをじっとながめているよりも，**ＣＤやカードや問題集を利用した方がはるかに楽に覚えられます**。見て，書いて，聴いて，声に出して，五感を使って英単語を覚えましょう。

これが『システム英単語』シリーズの**英単語学習システム**だ！

まずは**＜[新しい] 英単語と出会う＞**のが第１段階です。ゆっくり『システム英単語〈改訂新版〉』を読んで覚えたい範囲の英単語とその意味・語法・コロケーションを一つ一つ確認し，ミニマル・フレーズをながめながらＣＤを聴いて声に出し，発音を確認しましょう（一度にどれくらいの数を覚えるかは自分で決めましょう。30 個（本書の１セクション分）でも，90 個でもいいのです。どれくらいを一単位にするのが自分に合っているか，いろいろ試してみましょう）。

一通り目を通したら，第２段階は**＜読んで，書いて，口に出して覚える＞**です。ミニマル·フレーズを声に出しながら，数回書いてみてください。

第３段階は**＜反復·継続して単語に触れる＞**です。長期の記憶を作るためには，**もう覚えたと思った単語でも，過剰なくらい繰り返し確認する**ことが効果的です。**最低でも同じ単語を５～７日続けて**確認してください。カードで順番をばらして確認したり，ＣＤでシャドウイングをしたりして変化を付けましょう。この段階をじっくり繰り返すのが大切です。

第４段階は**＜チェック問題集（本書）で確認する＞**です。いよいよ本書の登場です。問題を解いてみると，順番や活字が違うだけで，同じフレーズも新鮮に見えませんか？　これまで見落としていた連語関係や語法や派生語に気づくかもしれません。一度でマスターする自信が無かったら，解答は別のノートに書いて，同じ問題を何度か解いてもいいでしょう。

第５段階は**<間違えた英単語を見直す>**です。間違えた問題にはもちろん印を付けて，必ず翌朝に再確認してください（あまり時間をあけないのがコツです）。

また，本書で間違えた英単語は，『システム英単語〈５訂版〉』にも印を付けておきましょう。さらに『システム英単語〈５訂版対応〉カード』から，本書で間違えた単語のカードだけをぬき出して持ち歩く，というのもおすすめです。

書籍，ＣＤ，カード，そしてこのチェック問題集と，いろんなメディアを利用して，飽きがこないように工夫しながら学習を続けてください。新しい英単語を覚えれば，英語の新鮮な風景が見えてくるはずです。

『システム英単語』シリーズの**英単語学習システム**

1st Step　<英単語と出会う>

『システム英単語〈５訂版〉』の訳語・説明を熟読

『システム英単語〈５訂版〉ＣＤ』で発音の確認

2nd Step　<読んで，書いて，口に出して覚える>

ミニマル・フレーズの訳語を隠しながら，その意味がすぐに言えるようにする

ミニマル・フレーズを音読しながら，英語を数回書く

3rd Step　<反復・継続して単語に触れる>

『システム英単語〈５訂版〉ＣＤ』でシャドウイング

『システム英単語〈５訂版対応〉カード』でシャッフルして確認

＊最低でも５～７日連続で同じ単語を確認

4th Step　<チェック問題集（本書）で確認する>

覚えた単語を本書でチェック

自信が無ければ解答はノートに書いて，何度か繰り返す

5th Step　<間違えた英単語を見直す>

翌朝間違えた問題を再確認

『システム英単語〈５訂版〉』で再確認

『システム英単語〈５訂版対応〉カード』で間違えた英単語のカードをぬき出して，復習

Contents

☆（　）の中は『システム英単語〈５訂版〉』の対応ページを表しています。

Fundamental Stage

1 No. 1 ～ 30 (p. 2 ～ 7) 8
2 No. 31 ～ 60 (p.8 ～ 14) 10
3 No. 61 ～ 90 (p. 14 ～ 19) 12
4 No. 91 ～ 120 (p. 19 ～ 25) 14
5 No. 121 ～ 150 (p. 25 ～ 31) 16
6 No. 151 ～ 180 (p. 31 ～ 37) 18
7 No. 181 ～ 210 (p. 37 ～ 43) 20
8 No. 211 ～ 240 (p. 43 ～ 48) 22
9 No. 241 ～ 270 (p. 48 ～ 54) 24
10 No. 271 ～ 300 (p. 54 ～ 60) 26
11 No. 301 ～ 330 (p. 60 ～ 67) 28
12 No. 331 ～ 360 (p. 67 ～ 74) 30
13 No. 361 ～ 390 (p. 74 ～ 78) 32
14 No. 391 ～ 420 (p. 78 ～ 83) 34
15 No. 421 ～ 450 (p. 83 ～ 86) 36
16 No. 451 ～ 480 (p. 87 ～ 90) 38
17 No. 481 ～ 510 (p. 91 ～ 94) 40
18 No. 511 ～ 540 (p. 94 ～ 99) 42
19 No. 541 ～ 570 (p. 99 ～ 103) 44
20 No. 571 ～ 600 (p. 103 ～ 107) 46

Essential Stage

21 No. 601 ～ 630 (p. 110 ～ 115) 48
22 No. 631 ～ 660 (p. 115 ～ 120) 50
23 No. 661 ～ 690 (p. 121 ～ 126) 52
24 No. 691 ～ 720 (p. 127 ～ 132) 54
25 No. 721 ～ 750 (p. 132 ～ 137) 56
26 No. 751 ～ 780 (p. 137 ～ 142) 58
27 No. 781 ～ 810 (p. 143 ～ 148) 60
28 No. 811 ～ 840 (p. 148 ～ 153) 62
29 No. 841 ～ 870 (p. 153 ～ 158) 64
30 No. 871 ～ 900 (p. 158 ～ 162) 66
31 No. 901 ～ 930 (p. 162 ～ 166) 68
32 No. 931 ～ 960 (p. 166 ～ 170) 70
33 No. 961 ～ 990 (p. 170 ～ 173) 72
34 No. 991 ～ 1020 (p. 173 ～ 177) 74
35 No. 1021 ～ 1050 (p. 177 ～ 181) 76
36 No. 1051 ～ 1080 (p. 181 ～ 184) 78
37 No. 1081 ～ 1110 (p. 184 ～ 189) 80
38 No. 1111 ～ 1140 (p. 189 ～ 193) 82
39 No. 1141 ～ 1170 (p. 193 ～ 197) 84
40 No. 1171 ～ 1200 (p. 197 ～ 202) 86

Advanced Stage

41 No. 1201 ～ 1230 (p. 206 ～ 211) 88
42 No. 1231 ～ 1260 (p. 211 ～ 216) 90
43 No. 1261 ～ 1290 (p. 216 ～ 222) 92
44 No. 1291 ～ 1320 (p. 222 ～ 227) 94
45 No. 1321 ～ 1350 (p. 227 ～ 233) 96
46 No. 1351 ～ 1380 (p. 233 ～ 236) 98
47 No. 1381 ～ 1410 (p. 236 ～ 239) 100
48 No. 1411 ～ 1440 (p. 240 ～ 243) 102

49 No. 1441 ～ 1470 (p. 243 ～ 249) 104
50 No. 1471 ～ 1500 (p. 249 ～ 253) 106
51 No. 1501 ～ 1530 (p. 253 ～ 256)..... 108
52 No. 1531 ～ 1560 (p. 256 ～ 260) 110
53 No. 1561 ～ 1590 (p. 260 ～ 264) 112
54 No. 1591 ～ 1620 (p. 264 ～ 269) 114
55 No. 1621 ～ 1650 (p. 270 ～ 273) 116
56 No. 1651 ～ 1680 (p. 273 ～ 277) 118
57 No. 1681 ～ 1700 (p. 277 ～ 280).....120

Final Stage

58 No. 1701 ～ 1730 (p. 282 ～ 285) 122
59 No. 1731 ～ 1760 (p. 285 ～ 288) 124
60 No. 1761 ～ 1790 (p. 288 ～ 292) 126
61 No. 1791 ～ 1820 (p. 292 ～ 296)..... 128
62 No. 1821 ～ 1850 (p. 296 ～ 299) 130
63 No. 1851 ～ 1880 (p. 299 ～ 303) 132
64 No. 1881 ～ 1910 (p. 303 ～ 306) 134
65 No. 1911 ～ 1940 (p. 307 ～ 310)..... 136
66 No. 1941 ～ 1970 (p. 310 ～ 314) 138
67 No. 1971 ～ 2000 (p. 314 ～ 317) 140
68 No. 2001 ～ 2027 (p. 317 ～ 321) 142

多義語の Brush Up

69 No. 1 ～ 20 (p. 324 ～ 327)............... 144
70 No. 21 ～ 40 (p. 328 ～ 331)............. 146
71 No. 41 ～ 60 (p. 332 ～ 335)............. 148
72 No. 61 ～ 80 (p. 335 ～ 339)............. 150
73 No. 81 ～ 100 (p. 339 ～ 342)........... 152
74 No. 101 ～ 120 (p. 342 ～ 345)......... 154
75 No. 121 ～ 140 (p. 346 ～ 349)......... 156
76 No. 141 ～ 160 (p. 349 ～ 352)......... 158
77 No. 161 ～ 184 (p. 352 ～ 356).........160

書き込み問題の下線部の最初にある ( ) 内の文字は，単語の頭文字を表しています。

例　(e)__________ you to arrive soon

⇒　(e) *expect* you to arrive soon

⑴動詞 『システム英単語〈5訂版〉』p. 2～7 解答冊子 p. 2

1 Fundamental Stage No. 1～30 ／30

1. 次の各フレーズの下線の語の意味を答えなさい。

1．expect you to arrive soon ＿＿＿＿

2．continue to grow fast ＿＿＿＿

3．suggest a new way ＿＿＿＿

4．support the president ＿＿＿＿

5．improve living conditions ＿＿＿＿

2. 下線部には最もよくあてはまる語，また（　）には適切な前置詞を入れなさい。

6．(i)＿＿＿＿ (　　　) 20%　20％増加する

7．(r)＿＿＿＿ the mountain top　山頂に達する

8．be (f)＿＿＿＿ (　　　) work　働くよう強制される

9．(w)＿＿＿＿ (　　　) money　お金のことを心配する

10．Everything (d)＿＿＿＿ (　　　) him.　すべては彼しだいだ

11．(s)＿＿＿＿ a room (　　　) a friend　友人と部屋を共有する

3. それぞれの指示に合う単語を答えなさい。

12．include の反対語 ＿＿＿＿

13．allow の同意語（2つ答えなさい） (p)＿＿＿＿, (l)＿＿＿＿

14．base の形容詞形 ＿＿＿＿

15．recognize の名詞形 ＿＿＿＿

4. 次の単語の意味として適切なものを選択肢の中から1つ選びなさい。

16.	consider	①を考慮する	②を議論する	③を心配する	＿＿
17.	remain	①ふりをする	②ままでいる	③ように見える	＿＿
18.	realize	①を犯す	②を悟る	③を見逃す	＿＿
19.	hire	①を解雇する	②を派遣する	③を雇う	＿＿

5. [　] にあてはまる適切な単語を選択肢の中から1つ選びなさい。

20. [　　　] a unique ability　特異な能力を発達させる
① arise　② arrive　③ defy　④ develop　＿＿＿＿
21. [　　　] help to the poor　貧しい人に援助を申し出る
① obtain　② occupy　③ offer　④ oppose　＿＿＿＿
22. [　　　] more attention　もっと注意を必要とする
① acquire　② inquire　③ require　④ squire　＿＿＿＿
23. [　　　] more freedom　もっと自由を要求する
① demand　② depend　③ dispense　④ descend　＿＿＿＿

6. 次の日本語を英語にしなさい。

24. 彼女の助言に従う　＿＿＿＿＿＿＿＿
25. 真実を語る決意をする　＿＿＿＿＿＿＿＿
26. 彼に情報を与える　＿＿＿＿＿＿＿＿
27. 彼はどこに行ったのかと思う　＿＿＿＿＿＿＿＿
28. その車には5万ドルかかった。　＿＿＿＿＿＿＿＿
29. 腹を立てがちである　＿＿＿＿＿＿＿＿
30. 彼を友達とみなす　＿＿＿＿＿＿＿＿

PLUS

1．左の語の下線部と同じ発音を含むものを選択肢の中から1つ選びなさい。
allow　① low　② how　③ call　④ road　＿＿＿

2．誤りを正しなさい。
I demanded him to tell me the answer.　＿＿＿＿＿＿＿＿

3．(　　) に入れるのに最も適当なものを選択肢の中から1つ選びなさい。
"Do you still plan to go to Hawaii this winter vacation?"
"Yes, and I wish you'd consider (　　　) with me."
① go　② going　③ to go　④ to going　＿＿＿

⑴動詞 『システム英単語〈5訂版〉』p. 8 ～ 14 解答冊子 p. 3

2 Fundamental Stage No. 31 ～ 60 ／30

1. 次の各フレーズの下線の語の意味を答えなさい。

1. reduce energy costs ＿＿＿＿
2. treat him like a child ＿＿＿＿
3. establish a company ＿＿＿＿
4. gain useful knowledge ＿＿＿＿
5. Never mention it again. ＿＿＿＿

2. 下線部には最もよくあてはまる語，また（　）には適切な前置詞を入れなさい。

6. You are (s)＿＿＿＿ (　　　) wear a seat belt.
　シートベルトを締めることになっている
7. (p)＿＿＿＿ tea (　　　) coffee　コーヒーよりお茶を好む
8. (c)＿＿＿＿ (　　　) the patients　患者たちを元気づける
9. (s)＿＿＿＿ heavy damage　ひどい損害を受ける
10. What does this word (r)＿＿＿＿ (　　　)?　この語は何を指示するか
11. (s)＿＿＿＿ the city (　　　) water　その都市に水を供給する
12. (s)＿＿＿＿ (　　　) the stolen car　盗難車を捜す

3. それぞれの指示に合う単語を答えなさい。

13. describe の名詞形 ＿＿＿＿
14. encourage の反対語 ＿＿＿＿
15. prove の名詞形 ＿＿＿＿
16. respond の名詞形 ＿＿＿＿

4. 次の単語の意味として適切なものを選択肢の中から１つ選びなさい。

17. notice　①に気づく　②を引き起こす　③を防止する ＿＿＿＿

18. relate ①関係がある ②同時に生じる ③取り違える ＿＿＿
19. spread ①をおりたたむ ②を取りかえる ③を広げる ＿＿＿
20. apply ①当てはまる ②供給する ③守る ＿＿＿
21. claim ①と苦情を言う ②と主張する ③と想像する ＿＿＿

5. [　] にあてはまる適切な単語を選択肢の中から１つ選びなさい。

22. [　　] both hands　両手を上げる
① blow　② bring　③ raise　④ rise ＿＿＿
23. [　　] a room for a guest　客のために部屋を準備する
① prepare　② preserve　③ proceed　④ provide ＿＿＿
24. [　　] help from the police　警察に助けを求める
① save　② search　③ seek　④ spare ＿＿＿

6. 次の日本語を英語にしなさい。

25. 彼が眠るのをさまたげる ＿＿＿＿＿＿
26. 塩を砂糖とまちがえる ＿＿＿＿＿＿
27. 日本と中国を比較する ＿＿＿＿＿＿
28. 森林を破壊する ＿＿＿＿＿＿
29. 地図を描く ＿＿＿＿＿＿
30. 希望を捨てるのを拒む ＿＿＿＿＿＿

PLUS

1. (　) に入れるのに最も適当なものを選択肢の中から１つ選びなさい。（近畿大）
(　　) you were President, what would you do?
① Suppose　② Supposed　③ Supposedly　④ Supposition ＿＿＿

2. アクセントの位置が異なるものを１つ選びなさい。
① regard　② refer　③ prefer　④ suffer ＿＿＿

(1)動詞　『システム英単語〈5訂版〉』p. 14～19　解答冊子 p. 4

3 Fundamental Stage No. 61～90　／30

1. 次の各フレーズの下線の語の意味を答えなさい。

1. I admit that I was wrong. ________
2. reflect the mood of the times ________
3. feed a large family ________
4. reveal a surprising fact ________

2. 下線部には最もよくあてはまる語，また（　）には適切な前置詞を入れなさい。

5. (j)________ a person (　　　) his looks　人を外見で判断する
6. The book (b)________ (　　　) Howard.　その本はハワードのものだ
7. (a)________ (　　　) the Asian market　アジア市場をねらう
8. can't (a)________ (　　　) buy a Ford　フォードの車を買う余裕がない

3. それぞれの指示に合う単語・熟語を答えなさい。

9. survive の名詞形 ________
10. represent の同意熟語 ________ ________
11. replace の同意熟語 ________ ________ ________ ________
12. vary の形容詞形（2つ答えなさい）　(v)________, (v)________

4. 次の単語の意味として適切なものを選択肢の中から1つ選びなさい。

13. perform　①を行う　②を計画する　③を形成する ________
14. indicate　①に関連する　②を指し示す　③を否定する ________
15. acquire　①をあやつる　②を習得する　③を分析する ________
16. decline　①混乱する　②衰退する　③よみがえる ________
17. confuse　①を共感させる　②を絶望させる　③を当惑させる ________
18. remove　①を引退する　②を移す　③を取り付ける ________

5. [　　] にあてはまる適切な単語を選択肢の中から１つ選びなさい。

19. The plane is [　　　] Chicago.　飛行機はシカゴに接近している
① achieving　② approaching　③ preceding　④ proceeding　______

20. [　　　] that he is right　彼は正しいと主張する
① accept　② argue　③ assume　④ attain　______

21. [　　　] to his letter　彼の手紙に返事をする
① answer　② comment　③ notice　④ reply　______

22. The job [　　　] you.　その仕事は君に合っている
① appropriates　② composes　③ matches　④ suits　______

23. the [　　　] population of Japan　日本の推定人口
① estimated　② exclaimed　③ expanded　④ extended　______

24. [　　　] money for the family　家族のためにお金をかせぐ
① consume　② earn　③ extinguish　④ spend　______

6. 次の日本語を英語にしなさい。

25. すごく退屈な映画　______
26. 自由を当然と考える　______
27. 現実から逃避する　______
28. 日本は海に囲まれている。　______
29. 高校を卒業する　______
30. フランスに行くと言い張る　______

PLUS

1. We insisted that this project (　　　) immediately.　（福島大）
① carries　② be carried out
③ to be carried out　④ will carry out　______

2. 下線部の意味と最も近いものを１つ選びなさい。　（日本大）
A person who stays at home all the time gets <u>fed up with</u> everything.
① accustomed to　② satisfied with　③ tired of　④ used to　______

(1)動詞 『システム英単語〈5訂版〉』p. 19～25　解答冊子 p. 5

4 Fundamental Stage No. 91～120 ／30

1. 次の各フレーズの下線の語の意味を答えなさい。

1. match him in power ______
2. hurt her feelings ______
3. admire her work ______
4. preserve forests ______

2. 下線部には最もよくあてはまる語，また（　）には適切な前置詞を入れなさい。

5. (r)______ him (　　) the promise　彼に約束を思い出させる
6. (f)______ (　　) the problem　その問題に焦点を合わせる
7. Health is (a)______ (　　) happiness.　健康は幸福と関連している
8. (r)______ (　　) their power　彼らの力に頼る
9. (b)______ others (　　) the failure　失敗を他人のせいにする
10. The book (c)______ (　　) six lessons.　その本は6課で構成されている
11. be (d)______ (　　) the test results　試験の結果に失望する

3. それぞれの指示に合う単語・熟語を答えなさい。

12. examine の同意熟語（3つ答えなさい）
    (l)______ ______, (g)______ ______, (g)______ ______
13. convince の名詞形 ______
14. attract の形容詞形 ______
15. extend の名詞形 ______

4. 次の単語の意味として適切なものを選択肢の中から1つ選びなさい。

16. connect　①を切り離す　②をつなぐ　③を比較する ______
17. rush　①急いで行く　②通う　③連絡する ______
18. adopt　①を構築する　②を採用する　③を適応させる ______

19. operate ①移る ②作動する ③終了する ＿＿＿＿
20. arrange ①の手はずを整える ②を開催する ③を飾る ＿＿＿＿

5. [ ] にあてはまる適切な単語を選択肢の中から１つ選びなさい。

21. [ ] him of the danger 彼に危険を警告する
① convince ② alter ③ upset ④ warn ＿＿＿＿
22. [ ] the need for information 情報の必要性を強調する
① stress ② force ③ enforce ④ repress ＿＿＿＿
23. [ ] the bottle well ビンをよく振る
① stir ② shatter ③ shake ④ shrink ＿＿＿＿
24. [ ] business overseas 海外へ事業を拡大する
① emphasize ② encounter ③ exhaust ④ expand ＿＿＿＿
25. [ ] his sleep 彼の睡眠をさまたげる
① despair ② despise ③ dictate ④ disturb ＿＿＿＿

6. 次の日本語を英語にしなさい。

26. 世界平和に貢献する ＿＿＿＿＿＿＿＿
27. 提案を拒否する ＿＿＿＿＿＿＿＿
28. 家を出たのを後悔する ＿＿＿＿＿＿＿＿
29. 彼らを説得して帰らせる ＿＿＿＿＿＿＿＿
30. 自由になろうともがく ＿＿＿＿＿＿＿＿

PLUS

1. 下線部の意味と最も近いものを１つ選びなさい。 （東京理科大）
They are said to have had a calendar consisting of ten months of 30 days each.
① composing of ② excluding ③ made up of ④ persisting ＿＿＿＿

2. 次の文を日本語にしなさい。
CO_2 contributes to global warming. ＿＿＿＿＿＿＿＿

⑴動詞 『システム英単語〈5訂版〉』p. 25 ~ 31 解答冊子 p. 6

5 Fundamental Stage No. 121 ~ 150 ／30

1. 次の各フレーズの下線の語の意味を答えなさい。

1. encounter many difficulties ________
2. combine song and dance ________
3. repair the car ________
4. at an amazing speed ________

2. 下線部には最もよくあてはまる語，また（ ）には適切な前置詞を入れなさい。

5. (e)________ ( ) volunteer activities ボランティア活動に従事する
6. (a)________ students with jokes 冗談で学生を笑わせる
7. (c)________ ( ) what he is saying 彼の話に集中する
8. (P)________ me. ごめんなさい
9. (r)________ him ( ) work 仕事から彼を解放する
10. I (s)________ that he is a spy. 私は彼がスパイではないかと思う
11. The office is (l)________ ( ) the area. オフィスはその地域にある

3. それぞれの指示に合う単語を答えなさい。

12. import の反対語 ________
13. remark の形容詞形 ________
14. recover の名詞形 ________
15. deliver の名詞形 ________

4. 次の単語・熟語の意味として適切なものを選択肢の中から１つ選びなさい。

16.	puzzle	①に影響を受ける	②に質問する	③を当惑させる	____
17.	appeal to A	①Aに訴える	②Aに逆らう	③Aをひきつける	____
18.	manufacture	①を製造する	②を設計する	③を輸出する	____

5. [　　] にあてはまる適切な単語を選択肢の中から１つ選びなさい。

19. [　　　] foreign workers　外国人労働者を雇う
① elect　② employ　③ erect　④ imply　＿＿＿＿
20. an [　　　] pet　捨てられたペット
① abandoned　② abused　③ adored　④ assessed　＿＿＿＿
21. [　　　] prices　価格を示す
① depict　② dictate　③ display　④ distinguish　＿＿＿＿
22. a [　　　] story　夢中にさせる物語
① fascinating　② feeding　③ floating　④ flourishing　＿＿＿＿
23. [　　　] experiences　ぞっとするような経験
① fought　② fighting　③ freighted　④ frightening　＿＿＿＿
24. [　　　] a high position　高い地位を占める
① oblige　② occupy　③ oppose　④ oppress　＿＿＿＿

6. 次の日本語を英語にしなさい。

25. おじゃましてすみませんが…　＿＿＿＿＿＿＿＿
26. 新しい文化に適応する　＿＿＿＿＿＿＿＿
27. 彼の到着を遅らせる　＿＿＿＿＿＿＿＿
28. ホテルの部屋を予約する　＿＿＿＿＿＿＿＿
29. アパートを借りる　＿＿＿＿＿＿＿＿
30. 目で人の本人確認をする　＿＿＿＿＿＿＿＿

PLUS

(1) Charlie : If you like, I could do the dishes.
Jean : (　　　) I can do it myself later.　（龍谷大）
① Don't make trouble, please.　② No, don't bother.
③ You have no trouble doing that.　④ No, nothing like that.　＿＿＿

(2) Because of the heavy snow I (　　　) if she will be able to come in time.
（東京電機大）
① doubt　② suppose　③ suspect　④ am afraid　＿＿＿

⑴動詞〜⑵名詞 『システム英単語〈５訂版〉』p. 31 〜 37 解答冊子 p. 7

6 Fundamental Stage No. 151〜180 ／30

1. 次の各フレーズの下線の語の意味を答えなさい。

1. perceive danger ＿＿＿＿
2. stretch my legs ＿＿＿＿
3. put a high value on education ＿＿＿＿

2. 下線部には最もよくあてはまる語，また（　）には適切な前置詞を入れなさい。

4. be (e)＿＿＿＿ (　　) danger　危険にさらされる
5. (t)＿＿＿＿ a novel (　　) English　小説を英語に翻訳する
6. (c)＿＿＿＿ him (　　) his illness　彼の病気を治す
7. (a)＿＿＿＿ (　　) a new school　新しい学校に慣れる
8. (a)＿＿＿＿ him in his work　彼の仕事を手伝う
9. be (e)＿＿＿＿ by the mistake　そのまちがいが恥ずかしい
10. (a)＿＿＿＿ (　　) their marriage　２人の結婚を承認する
11. (w)＿＿＿＿ 65 kilograms　65キロの重さがある
12. trees (d)＿＿＿＿ (　　) lights　電球で飾られた木々
13. (f)＿＿＿＿ him (　　) being late　彼の遅刻を許す
14. be (s)＿＿＿＿ on the bench　ベンチで座っている

3. 次の単語の意味として適切なものを選択肢の中から１つ選びなさい。

15. own　①を借りる　②を所有している　③を譲渡する ＿＿＿＿
16. shift　①を入れる　②を変える　③をまわす ＿＿＿＿
17. society　①経済　②産業　③社会 ＿＿＿＿

4. ［　］にあてはまる適切な単語を選択肢の中から１つ選びなさい。

18. be [　　] by the noise　その音にぎょっとする
① alarmed　② allowed　③ appealed　④ approached ＿＿＿＿

19. [　　　] Picasso's works　ピカソの作品を展示する
① engage　② enroll　③ exhibit　④ exploit

20. [　　　] his birthday　彼の誕生日を祝う
① celebrate　② cherish　③ congratulate　④ convert

21. [　　　] a wedding dress　ウエディングドレスを縫う
① saw　② sew　③ sought　④ sow

22. [　　　] of human language　人類の言語の特徴
① features　② forecasts　③ formulas　④ furniture

23. the greenhouse [　　　] of CO_2　二酸化炭素の温室効果
① affection　② conflict　③ effect　④ infection

5. 次の英語を日本語にしなさい。

24. a frozen stream

6. 次の日本語を英語にしなさい。

25. パーティを台無しにする

26. 会議に参加する

27. 私の成功はあなたのおかげだ。

28. その事故で負傷する

29. テストの結果

30. 水車

PLUS

1．下線部と最も意味が近いものを１つ選びなさい。（関西外語大）
The week before she died she took part in a tennis match.
① promoted　② participated　③ managed　④ recorded

2．(　　) に入れるのに最も適当なものを１つ選びなさい。
(1) The match resulted (　　) a goalless draw after extra time.（上智大）
① from　② to　③ with　④ in

(2) Without your (　　) help, I should have failed in my attempt to cross the Pacific Ocean.（名古屋外語大）
① valueless　② invaluable　③ invalid　④ value

(2)名詞 『システム英単語〈5訂版〉』p. 37～43 解答冊子 p. 8

7 Fundamental Stage No. 181～210 ／30

1. 次の各フレーズの下線の語の意味を答えなさい。

1. a sign of spring ＿＿＿＿
2. produce new materials ＿＿＿＿
3. a center of heavy industry ＿＿＿＿
4. Read the following passage. ＿＿＿＿
5. a government official ＿＿＿＿
6. differ in appearance ＿＿＿＿

2. 下線部には最もよくあてはまる語，また（　）には適切な前置詞を入れなさい。

7. have a bad (i)＿＿＿＿ (　　) children　子供に悪い影響を与える
8. charge a (f)＿＿＿＿ for the service　サービス料を請求する
9. (　　) the (r)＿＿＿＿ of 40% a year　年 40%の割合で
10. You've made (p)＿＿＿＿ (　　) English.　君の英語は進歩した
11. make an (a)＿＿＿＿ (　　) the doctor　医者に予約する

3. それぞれの指示に合う単語を答えなさい。

12. patient の反対語（形容詞） ＿＿＿＿
13. benefit の形容詞形 ＿＿＿＿

4. 次の単語の意味として適切なものを選択肢の中から１つ選びなさい。

14.	individual	①個人	②視点	③集団	＿＿＿＿
15.	laughter	①笑い	②笑う人	③笑わせる人	＿＿＿＿
16.	trade	①関係	②条約	③貿易	＿＿＿＿
17.	custom	①機会	②習慣	③長所	＿＿＿＿
18.	track	①運搬	②尾	③足跡	＿＿＿＿
19.	taste	①味	②色	③香り	＿＿＿＿

20. range ①角度 ②地域 ③範囲 ____
21. project ①会議 ②計画 ③提携 ____

5. [ ] にあてはまる適切な単語を選択肢の中から１つ選びなさい。

22. water and gas [ ] 水道とガスの事業
① segment ② service ③ situation ④ substance ____
23. an [ ] to break the record 記録を破ろうとする試み
① access ② asset ③ attempt ④ award ____
24. make an [ ] to leave early 早く帰るための言い訳をする
① equation ② escape ③ estate ④ excuse ____
25. love at first [ ] 一目ぼれ
① sight ② sign ③ slight ④ stake ____

6. 次の日本語を英語にしなさい。

26. 科学技術の進歩 ____
27. 市場経済 ____
28. 公共交通機関を使う ____
29. 頼みをきいてもらえませんか ____
30. お金を失う危険を冒す ____

PLUS

1. 下線部の意味に最も近いものを１つ選びなさい。 (神戸学院大)
The demand for grain is <u>projected</u> to go up.
① made ② planned ③ estimated ④ told ____

2. ( ) に入れるのに最も適当なものを１つ選びなさい。
(1) May I ask a favor ( ) you? (東邦大)
① from ② for ③ of ④ to ____
(2) Shigeru had a bad toothache yesterday morning, so he made an afternoon ( ) with his dentist. (南山大)
① appointment ② date ③ promise ④ reservation ____
(3) He wants to see the exhibition, though the ( ) is very high. (関東学院大)
① fare ② fee ③ pay ④ wage ⑤ money ____

(2)名詞 『システム英単語〈5訂版〉』p. 43～48 解答冊子 p. 9

8 Fundamental Stage No. 211～240

／30

1. 次の各フレーズの下線の語の意味を答えなさい。

1. residents of New York ______
2. their relatives and friends ______
3. the principle of free trade ______
4. the scene of the accident ______
5. the medium of communication ______
6. give a cry of delight ______
7. a deserted road in the desert ______
8. people from different backgrounds ______

2. 下線部には最もよくあてはまる語，また（　　）には適切な前置詞を入れなさい。

9. a pair of identical (t)______ 一組の一卵性双生児
10. (　　　) special (o)______ 特別な場合に
11. avoid traffic (j)______ 交通渋滞を避ける
12. the first (q)______ of this century 今世紀の最初の４分の１
13. a room with little (f)______ 家具の少ない部屋
14. a (r)______ (　　　) hard work 努力の報酬
15. a (t)______ (　　　) fewer children 少子化の傾向

3. それぞれの指示に合う単語を答えなさい。

16. mass の形容詞形 ______
17. element の形容詞形 ______
18. security の形容詞形 ______

4. 次の単語の意味として適切なものを選択肢の中から１つ選びなさい。

19. region ①気候 ②地域 ③地形 ____
20. characteristic ①人格 ②人物 ③特徴 ____
21. duty ①義務 ②許可 ③権利 ____
22. spirit ①原則 ②精神 ③力点 ____
23. atmosphere ①上空 ②大気 ③天候 ____

5. [　　] にあてはまる適切な単語を選択肢の中から１つ選びなさい。

24. the history [　　　] 歴史学科
① department ② departure ③ distinction ④ district ____
25. the French [　　　] フランス革命
① conception ② evolution ③ restoration ④ revolution ____

6. 次の日本語を英語にしなさい。

26. 鋭い痛みを感じる ____
27. 大勢の観客を集める ____
28. 地球規模の気候変動 ____
29. 人間の脳 ____
30. 私有財産 ____

PLUS

1. 下線部の発音が他と異なるものを１つ選びなさい。
① certain ② concert ③ dessert ④ professor ____

2. We have too (　　　) in our apartment. （東京理科大）
① much furniture ② many furniture
③ much furnitures ④ many furnitures ____

⑵名詞～⑶形容詞 『システム英単語〈5訂版〉』p. 48～54 解答冊子 p. 10

9 Fundamental Stage No. 241～270 ／30

1. 次の各フレーズの下線の語の意味を答えなさい。

1. social interaction with others ＿＿＿＿＿＿
2. physical beauty ＿＿＿＿＿＿
3. an obvious mistake ＿＿＿＿＿＿

2. 下線部には最もよくあてはまる語，また（　　）には適切な前置詞を入れなさい。

4. a negative (i)＿＿＿＿＿＿ (　　　　) the environment 環境に対する悪い影響
5. an (a)＿＿＿＿＿＿ (　　　　) oil 石油の代わりになるもの
6. He is (l)＿＿＿＿＿＿ (　　　　) win. 彼が勝つ可能性が高い
7. information (a)＿＿＿＿＿＿ (　　　　) everyone みんなが利用できる情報
8. be (f)＿＿＿＿＿＿ (　　　　) Japanese culture 日本の文化にくわしい
9. be (i)＿＿＿＿＿＿ (　　　　) the accident 事故に巻き込まれている

3. それぞれの指示に合う単語を答えなさい。

10. capacity の同意語 ＿＿＿＿＿＿
11. volunteer の形容詞形 ＿＿＿＿＿＿
12. quantity の反対語 ＿＿＿＿＿＿
13. rough の反対語 ＿＿＿＿＿＿
14. private の反対語 ＿＿＿＿＿＿

4. 次の単語の意味として適切なものを選択肢の中から１つ選びなさい。

15. vote ①拒否 ②賛成 ③投票 ＿＿＿
16. serious ①ささいな ②深刻な ③微妙な ＿＿＿
17. particular ①ある特定の ②全面的な ③部分的な ＿＿＿

5. [　　] にあてはまる適切な単語を選択肢の中から１つ選びなさい。

18. educational [　　　] 教育機関
　① instincts　② institutions　③ instructions　④ instruments　＿＿＿＿
19. a travel [　　　] 旅行代理店
　① adapter　② agency　③ arranger　④ client　＿＿＿＿
20. the Italian [　　　] イタリアの大臣
　① agent　② minister　③ officer　④ president　＿＿＿＿
21. a [　　　] of science 科学の一分野
　① benefit　② border　③ branch　④ breakdown　＿＿＿＿
22. the [　　　] answer 正しい答え
　① chronic　② collect　③ complicated　④ correct　＿＿＿＿
23. I had a [　　　] time. 私はすばらしい時をすごした
　① fantastic　② fierce　③ fortunate　④ furious　＿＿＿＿
24. a [　　　] language 母語
　① naive　② nation　③ native　④ naval　＿＿＿＿

6. 次の日本語を英語にしなさい。

25. 子供に害を与えない　＿＿＿＿＿＿＿＿
26. インターネットを利用できる　＿＿＿＿＿＿＿＿
27. 共通の言語　＿＿＿＿＿＿＿＿
28. 二言語使用の子どもたち　＿＿＿＿＿＿＿＿
29. 出発の用意ができている。　＿＿＿＿＿＿＿＿
30. その本は読む価値がある。　＿＿＿＿＿＿＿＿

PLUS

(1) These two plants are different in almost every way. The only feature they have (　　) is their need for dry soil.
　① by chance　② by nature　③ in common　④ in turn　＿＿

(2) Margaret liked all her classes, but she enjoyed her music class in (　　).
　① all　② detail　③ particular　④ special　＿＿

(3) His reputation as a physician is familiar (　　) us. (桜美林大)
　① on　② to　③ with　④ for　＿＿

1 Fundamental　2 Essential　3 Advanced　4 Final　5 多義語

⑶形容詞 『システム英単語〈5訂版〉』p. 54～60 解答冊子 p. 11

10 Fundamental Stage No. 271～300 ／30

1. 次の各フレーズの下線の語の意味を答えなさい。

1．the proper use of words ＿＿＿＿
2．a chemical reaction ＿＿＿＿
3．a specific individual ＿＿＿＿
4．a reasonable explanation ＿＿＿＿
5．make a moral judgment ＿＿＿＿
6．drive away evil spirits ＿＿＿＿

2. 下線部には最もよくあてはまる語，また（ ）には適切な前置詞を入れなさい。

7．He is (c)＿＿＿＿（ ）doing the job.　彼はその仕事をする能力がある
8．He is (i)＿＿＿＿（ ）his parents.　彼は親から独立している
9．be (s)＿＿＿＿（ ）others　他の人よりすぐれている

3. それぞれの指示に合う単語を答えなさい。

10. male の反対語 ＿＿＿＿
11. positive の反対語 ＿＿＿＿
12. pleasant の名詞形 ＿＿＿＿
13. previous の反対語 ＿＿＿＿
14. efficient の名詞形 ＿＿＿＿

4. 次の単語の意味として適切なものを選択肢の中から１つ選びなさい。

15. complex	①完全な	②公共の	③複雑な	＿＿
16. significant	①細かい	②重要な	③無意味な	＿＿
17. upset	①絶望している	②動揺している	③ゆううつな	＿＿
18. calm	①新鮮な	②積極的な	③冷静な	＿＿
19. nervous	①神経質な	②とほうにくれた	③悲観的な	＿＿

20. alike ①愛し合っている ②似ている ③人気がある ______
21. remarkable ①覚えられる ②悲しむべき ③すばらしい ______

5. [ ] にあてはまる適切な単語を選択肢の中から１つ選びなさい。

22. the [ ] international situation 今日の国際状況
① comfortable ② common ③ constant ④ current ______
23. health-[ ] Americans 健康を意識するアメリカ人
① conscientious ② conscious ③ controversial ④ convenient ______
24. a [ ] street 狭い通り
① narrow ② small ③ tight ④ tiny ______
25. a [ ] answer 否定的な答
① naked ② native ③ negative ④ nervous ______
26. be [ ] to study in the US アメリカ留学を熱望する
① eager ② earnest ③ enlightened ④ equal ______

6. 次の日本語を英語にしなさい。

27. おいしいものにお金を払ってもかまわない。 ______
28. 前大統領 ______
29. 基本的人権 ______
30. 家庭内暴力 ______

PLUS

1．（ ）に入れるのに最も適当なものを１つ選びなさい。

(1) I am ( ) to hear that he has succeeded in the examination. (関西大)
① joyful ② delightful ③ amused ④ pleased ______
(2) I am ( ) to know that everyone came home safely. (関西学院大)
① pleasant ② delightful ③ pleased ④ surprising ______

2．左の語の下線部と同じ発音を含むものを選択肢の中から１つ選びなさい。

(1) pleasant ① correct ② species ③ creature ④ pleased ______
(2) calm ① alternative ② father ③ walk ④ work ______

⑶形容詞～⑷副詞・その他 『システム英単語〈5訂版〉』p. 60～67 解答冊子 p. 12

11 Fundamental Stage No. 301～330 ／30

1. 次の各フレーズの下線の語の意味を答えなさい。

1. at exactly the same time ＿＿＿＿＿＿
2. He will possibly come. ＿＿＿＿＿＿
3. I occasionally go to the theater. ＿＿＿＿＿＿

2. 下線部には最もよくあてはまる語，また（　　）には適切な前置詞を入れなさい。

4. I am (a)＿＿＿＿＿＿ (　　　　) your health.　君の健康が心配だ
5. the British (l)＿＿＿＿＿＿ system　イギリスの法律の制度
6. be (c)＿＿＿＿＿＿ (　　　　) everything　何にでも好奇心を持つ
7. a (s)＿＿＿＿＿＿ member of the club　クラブの先輩の部員
8. (c)＿＿＿＿＿＿ (　　　　) expectations　予想に反して
9. people (t)＿＿＿＿＿＿ the world　世界中の人々
10. (w)＿＿＿＿＿＿ a mile (　　　　) the station　駅から1マイル以内で
11. You (o)＿＿＿＿＿＿ (　　　　) see a doctor.　君は医者に診てもらうべきだ
12. (　　　　) (s)＿＿＿＿＿＿ (　　　　) difficulties　困難にもかかわらず

3. 指示に合う単語を答えなさい。

13. awake の動詞形 ＿＿＿＿＿＿

4. 次の単語の意味として適切なものを選択肢の中から1つ選びなさい。

14. tough	①幸運な	②たくましい	③勇敢な	＿＿＿
15. therefore	①それゆえに	②その上	③多分	＿＿＿
16. nor	①～か	②～同様に	③～もない	＿＿＿
17. unless	①～しない限り	②～なしで	③～にもかかわらず	＿＿＿

5. [　　] にあてはまる適切な単語を選択肢の中から１つ選びなさい。

18. his [　　　] parents　彼の年老いた父母
 ① aged　② alien　③ ancient　④ aware　＿＿＿
19. Soon [　　　], he left.　その後すぐ彼は去った
 ① afterward　② backward　③ foreward　④ onward　＿＿＿
20. [　　　] 30 years ago　30 年近く前に
 ① narrowly　② nearly　③ nobly　④ notably　＿＿＿
21. This is smaller and [　　　] cheaper.　この方が小さく，したがって安い
 ① occasionally　② precisely　③ thereby　④ thus　＿＿＿
22. [　　　] my wife, I get up early.　妻と違って私は早起きだ
 ① Apart　② Beyond　③ Unlike　④ Yet　＿＿＿
23. [　　　] being rich, he is kind.　彼は金持ちの上にやさしい
 ① Beneath　② Beside　③ Besides　④ Brutal　＿＿＿
24. It's [　　　] my understanding.　私の理解をこえている
 ① beneath　② beside　③ besides　④ beyond　＿＿＿
25. work every day [　　　] Sunday　日曜以外毎日働く
 ① accept　② except　③ exclude　④ expect　＿＿＿

6. 次の日本語を英語にしなさい。

26. 原子力エネルギー　＿＿＿＿＿＿＿＿
27. 市民権　＿＿＿＿＿＿＿＿
28. 最近の研究によると　＿＿＿＿＿＿＿＿
29. なぜか寂しい。　＿＿＿＿＿＿＿＿
30. 彼に会うことはめったにない。　＿＿＿＿＿＿＿＿

PLUS

左の語の下線部と同じ発音を含むものを選択肢の中から１つ選びなさい。

tough　① ought　② thought　③ though　④ enough　＿＿＿

⑷副詞・その他～⑸動詞 『システム英単語〈5訂版〉』p. 67～74 解答冊子 p. 13

12 Fundamental Stage No. 331～360 ／30

1. 次の各フレーズの下線の語の意味を答えなさい。

1. produce enough food ＿＿＿＿
2. express my feelings ＿＿＿＿
3. determine your future ＿＿＿＿
4. Vegetables contain a lot of water. ＿＿＿＿
5. finally achieve the goal ＿＿＿＿
6. My opinion differs from hers. ＿＿＿＿

2. 下線部には最もよくあてはまる語，また（ ）には適切な前置詞を入れなさい。

7. (a)＿＿＿＿ some milk ( ) the soup スープにミルクを加える
8. (p)＿＿＿＿ children ( ) danger 危険から子供たちを守る
9. (e)＿＿＿＿ people ( ) live longer 人々の長寿を可能にする
10. (d)＿＿＿＿ the cake ( ) six pieces ケーキを６個に分割する
11. The noise (a)＿＿＿＿ me. その音が私をいらだたせる

3. それぞれの指示に合う単語を答えなさい。

12. explain の名詞形 ＿＿＿＿
13. accept の反対語（２つ答えなさい） (r)＿＿＿＿, (r)＿＿＿＿
14. solve の名詞形 ＿＿＿＿
15. satisfy の名詞形 ＿＿＿＿
16. complain の名詞形 ＿＿＿＿

4. 次の単語の意味として適切なものを選択肢の中から１つ選びなさい。

17. ignore ①に従う ②に反論する ③を無視する ＿＿＿＿
18. obtain ①を得る ②を支持する ③を保つ ＿＿＿＿
19. educate ①を学習する ②を教育する ③を治療する ＿＿＿＿

5. [　　] にあてはまる適切な単語を選択肢の中から１つ選びなさい。

20. Alcohol [　　　] the brain.　アルコールは脳に影響する
① affects　② appeals　③ appoints　④ effects　＿＿＿＿
21. [　　　] how old she is　彼女の年を推測する
① gaze　② glance　③ greet　④ guess　＿＿＿＿
22. [　　　] to live in America　アメリカに住むつもりだ
① attend　② contend　③ intend　④ pretend　＿＿＿＿

6. 次の英語を日本語にしなさい。

23. I don't know whether it is true or not.　＿＿＿＿＿＿＿＿

7. 次の日本語を英語にしなさい。

24. 神は本当に存在するのか　＿＿＿＿＿＿＿＿
25. まちがいを犯すのを避ける　＿＿＿＿＿＿＿＿
26. メアリと結婚する　＿＿＿＿＿＿＿＿
27. 彼とその問題を議論する　＿＿＿＿＿＿＿＿
28. 円をドルに交換する　＿＿＿＿＿＿＿＿
29. 友達から本を借りる　＿＿＿＿＿＿＿＿
30. タイムマシンを発明する　＿＿＿＿＿＿＿＿

PLUS

1. (　　) に入れるのに不適切なものを１つ選べ。
Mary (　　　) her sister to clean the window.
① explained　② left　③ persuaded　④ told　⑤ wanted　＿＿＿

2. アクセントの位置が他と異なるものを１つ選びなさい。
① express　② display　③ refer　④ follow　＿＿＿

3. (　　) に入れるのに最も適当なものを１つ選べ。
We (　　　) air pollution.
① agreed to　② discussed about
③ talked about　④ argued with　＿＿＿

⑸動詞 『システム英単語〈5訂版〉』p. 74～78　解答冊子 p. 14

13 Fundamental Stage No. 361～390 ／30

1. 次の各フレーズの下線の語の意味を答えなさい。

1. recommend this book to you ＿＿＿＿
2. how to handle problems ＿＿＿＿
3. overcome difficulties ＿＿＿＿
4. absorb a lot of water ＿＿＿＿
5. announce a new plan ＿＿＿＿

2. 下線部には最もよくあてはまる語，また（　）には適切な前置詞を入れなさい。

6. (a)＿＿＿＿ him (　　) eat vegetables　野菜を食べるよう彼に忠告する
7. (r)＿＿＿＿ (　　) work at sixty　60 で仕事を辞める
8. (a)＿＿＿＿ to him (　　) being late　遅れたことを彼に謝る
9. (i)＿＿＿＿ him (　　) his son's success　息子の成功を彼に知らせる
10. (p)＿＿＿＿ him (　　) his work　仕事のことで彼をほめる
11. (c)＿＿＿＿ him (　　) being late　遅刻したことで彼を非難する
12. (c)＿＿＿＿ with him (　　) the gold medal
金メダルを目指して彼と競争する

3. それぞれの指示に合う単語を答えなさい。

13. permit の名詞形 ＿＿＿＿
14. resemble の名詞形 ＿＿＿＿
15. consume の名詞形 ＿＿＿＿

4. 次の単語の意味として適切なものを選択肢の中から１つ選びなさい。

16. promote　①を促進する　②を作り出す　③を予測する　＿＿＿＿
17. trust　①を困らせる　②を信用する　③を捨てる　＿＿＿＿
18. select　①を選ぶ　②をさがす　③を退ける　＿＿＿＿

19. float ①浮かぶ ②沈む ③流れる ＿＿＿
20. recall ①を思い出す ②を再現する ③を伝える ＿＿＿
21. pretend ①はずがない ②ふりをする ③ように見える ＿＿＿
22. quit ①に通う ②をかなり増やす ③をやめる ＿＿＿

5. [ ] にあてはまる適切な単語を選択肢の中から1つ選びなさい。

23. [ ] their marriage 彼らの結婚に反対する
① dispose ② expose ③ impose ④ oppose ＿＿＿
24. [ ] a new way 新しいやり方を提案する
① expose ② impose ③ propose ④ repose ＿＿＿
25. [ ] great power 大きな力を持っている
① assess ② possess ③ process ④ recess ＿＿＿
26. [ ] the Amazon River アマゾン川を探検する
① exclude ② exist ③ explore ④ extract ＿＿＿
27. [ ] the letter to pieces ずたずたに手紙を引き裂く
① mere ② pear ③ rear ④ tear ＿＿＿

6. 次の日本語を英語にしなさい。

28. 新鮮な空気を呼吸する ＿＿＿＿＿＿＿＿
29. 未来を予言する ＿＿＿＿＿＿＿＿
30. 本を出版する ＿＿＿＿＿＿＿＿

PLUS

( ) に入れるのに最も適当なものを1つ選びなさい。

(1) Do you think he ( ) his father? (同志社大)
① resembles ② is resembling
③ resembles to ④ resembles with ＿＿＿

(2) He proposed that another meeting ( ) held next week. (慶應義塾大)
① was ② be ③ will be ④ would be ＿＿＿

(5)動詞～(6)名詞 『システム英単語〈5訂版〉』p. 78 ～ 83 解答冊子 p. 15

14 Fundamental Stage No. 391～420 ／30

1. 次の各フレーズの下線の語の意味を答えなさい。

1. wander around the streets ＿＿＿＿
2. lack of food ＿＿＿＿
3. carbon dioxide ＿＿＿＿
4. the shape of her nose ＿＿＿＿
5. be in the habit of reading in bed ＿＿＿＿
6. remember the details of the story ＿＿＿＿

2. 下線部には最もよくあてはまる語，また（　）には適切な前置詞を入れなさい。

7. (　　　) peaceful (p)＿＿＿＿ 平和的な目的で
8. a positive (a)＿＿＿＿ (　　　) life 人生に対する前向きな態度
9. an (o)＿＿＿＿ (　　　) talk to her 彼女と話す機会

3. それぞれの指示に合う単語を答えなさい。

10. behavior の動詞形 ＿＿＿＿
11. advantage の反対語 ＿＿＿＿
12. distance の形容詞形 ＿＿＿＿

4. 次の単語の意味として適切なものを選択肢の中から１つ選びなさい。

13.	knowledge	①語彙	②知識	③能力	＿＿
14.	nation	①国	②宗教	③人種	＿＿
15.	skill	①学科	②技術	③原則	＿＿
16.	quality	①域	②質	③量	＿＿
17.	research	①研究	②実験	③理論	＿＿
18.	method	①意味	②必要	③方法	＿＿

5. [ ] にあてはまる適切な単語を選択肢の中から１つ選びなさい。

19. [ ] quickly to light 光にすばやく反応する
① react ② reduce ③ release ④ resolve ______
20. Don't [ ] while driving. 運転中にメールを送るな
① male ② post ③ text ④ treat ______
21. [ ] 10 goals 10 点を取る
① accomplish ② point ③ restore ④ score ______
22. the Cold War [ ] 冷戦時代
① area ② legend ③ period ④ region ______
23. the [ ] of this passage この文章の筆者
① author ② client ③ editor ④ producer ______
24. a [ ] of information 情報源
① recipe ② resource ③ source ④ spring ______

6. 次の日本語を英語にしなさい。

25. 電力を生み出す ______
26. 日本政府 ______
27. 彼を助けようと努力する ______
28. 人口の増加 ______
29. 自然環境 ______
30. 重要な役割を果たす ______

PLUS

( ) に入れるのに最も適当なものを１つ選びなさい。

(1) He took ( ) of her kindness. (明治大)
① care ② advantage ③ pains ④ hold ______

(2) Many Americans are concerned about wildlife and they are playing an active ( ) in the ban on whaling. (城西大)
① role ② way ③ step ④ help ______

⑹名詞 『システム英単語〈5訂版〉』p. 83 ～ 86 解答冊子 p. 16

15 Fundamental Stage No. 421～450 ／30

1. 次の各フレーズの下線の語の意味を答えなさい。

1. the best known instance ＿＿＿＿
2. experiments with animals ＿＿＿＿
3. only a decade ago ＿＿＿＿
4. an international organization ＿＿＿＿
5. the contrast between light and shadow ＿＿＿＿
6. humans and other creatures ＿＿＿＿

2. 下線部には最もよくあてはまる語，また（ ）には適切な前置詞を入れなさい。

7. take (r)＿＿＿＿ ( ) the accident 事故の責任をとる
8. a professional (a)＿＿＿＿ プロの運動選手
9. give money to (c)＿＿＿＿ 慈善のために寄付する

3. 指示に合う単語を答えなさい。

10. crowd の形容詞形 ＿＿＿＿

4. 次の単語の意味として適切なものを選択肢の中から1つ選びなさい。

11.	desire	①願望	②動機	③目標	＿＿
12.	loss	①経費	②損失	③投資	＿＿
13.	professor	①学者	②教授	③博士	＿＿
14.	function	①機能	②技能	③構造	＿＿
15.	envelope	①荷物	②封筒	③郵便物	＿＿
16.	goods	①資本	②商品	③品質	＿＿
17.	structure	①意識	②関係	③構造	＿＿
18.	tradition	①革新	②伝統	③風土	＿＿

5. [　　] にあてはまる適切な単語を選択肢の中から１つ選びなさい。

19. a difficult [　　　] 難しい仕事
①labor　②risk　③task　④work　＿＿＿＿
20. for future [　　　] 未来の世代のために
①ancestors　②audiences　③functions　④generations　＿＿＿＿
21. have a high [　　　] 高熱を出している
①favor　②fever　③flame　④fury　＿＿＿＿
22. read the following [　　　] 次の記述を読む
①statement　②statesman　③stationary　④statue　＿＿＿＿
23. Japan's foreign [　　　] 日本の外交政策
①persecution　②policy　③practice　④principle　＿＿＿＿
24. a [　　　] of information 情報の洪水
①flock　②flood　③folk　④fossil　＿＿＿＿
25. look for a [　　　] 連れ合いを探す
①bale　②beat　③male　④mate　＿＿＿＿

6. 次の日本語を英語にしなさい。

26. 生活水準　＿＿＿＿＿＿＿＿
27. 相対性理論　＿＿＿＿＿＿＿＿
28. 地球の表面　＿＿＿＿＿＿＿＿
29. 天然資源　＿＿＿＿＿＿＿＿
30. 体重を減らす　＿＿＿＿＿＿＿＿

PLUS

1. 左の語の下線部と同じ発音を含むものを選択肢の中から１つ選びなさい。(川崎医科大)
flood　①wool　②blood　③food　④zoom　＿＿＿＿
2. 下線部の '対照的に' の英語表現として最も適当なものを１つ選びなさい。　(関西大)
　イギリスの伝説によると燕が家に巣をつくると吉兆だとされている。しかしドイツやスコットランドでは対照的に燕は悪魔の使いとして知られる。
①with contrast　②to contrast　③for contrast　④by contrast　＿＿＿＿

1 Fundamental　2 Essential　3 Advanced　4 Final　5 多義語

⑹名詞 『システム英単語〈5訂版〉』p. 87 ～ 90　解答冊子 p. 17

16 Fundamental Stage No. 451 ～ 480　／30

1. 次の各フレーズの下線の語の意味を答えなさい。

1. the average American citizen ＿＿＿＿
2. office equipment ＿＿＿＿
3. talk to a stranger ＿＿＿＿
4. make a $2 million profit ＿＿＿＿
5. the social status of women ＿＿＿＿
6. modern youth ＿＿＿＿

2. 下線部には最もよくあてはまる語，また（　）には適切な前置詞を入れなさい。

7. make a good (i)＿＿＿＿ (　　) him　彼によい印象を与える
8. a (s)＿＿＿＿ for a new hotel　新しいホテルの用地

3. それぞれの指示に合う単語を答えなさい。

9. violence の形容詞形 ＿＿＿＿
10. majority の反対語 ＿＿＿＿
11. origin の動詞形 ＿＿＿＿
12. wealth の形容詞形 ＿＿＿＿
13. horror の形容詞形 ＿＿＿＿

4. 次の単語の意味として適切なものを選択肢の中から１つ選びなさい。

14.	cartoon	①カーテン	②喜劇	③マンガ	＿＿
15.	temperature	①雨量	②気温	③高度	＿＿
16.	literature	①語学	②哲学	③文学	＿＿
17.	strength	①奇妙	②強さ	③速さ	＿＿
18.	planet	①衛星	②すい星	③惑星	＿＿
19.	fiction	①記事	②小説	③部分	＿＿

20. religion ①宗教 ②伝説 ③迷信 ＿＿＿
21. document ①提案 ②文書 ③法案 ＿＿＿

5. [ ] にあてはまる適切な単語を選択肢の中から１つ選びなさい。

22. a long [ ] as an actress 女優としての長い経歴
① career ② carrier ③ charity ④ craft ＿＿＿
23. the [ ] of film-making 映画作りの技術
① tactics ② talent ③ task ④ technique ＿＿＿
24. express [ ] 感情を表現する
① emotions ② enthusiasms ③ equipments ④ experiments ＿＿＿

6. 次の日本語を英語にしなさい。

25. 列車の乗客 ＿＿＿＿＿＿＿＿
26. 低所得の家族 ＿＿＿＿＿＿＿＿
27. 環境汚染 ＿＿＿＿＿＿＿＿
28. 自然現象 ＿＿＿＿＿＿＿＿
29. はしごを登る ＿＿＿＿＿＿＿＿
30. 八十億の人々 ＿＿＿＿＿＿＿＿

PLUS

1. A : Excuse me, but can you tell me how to get to the post office?
B : I'm sorry, but ( ), so I don't know. (関西学院大)
① I have an idea ② I happened to be there
③ I'm familiar with this area ④ I'm a stranger around here ＿＿＿

2. 上の英単語とその意味を線でむすびなさい。

Saturn	Mars	Venus	Mercury	Jupiter
・	・	・	・	・
・	・	・	・	・
木星	水星	土星	火星	金星

⑹名詞 『システム英単語〈5訂版〉』p. 91 ～ 94　解答冊子 p. 18

17 Fundamental Stage No. 481～510 ／30

1. 次の各フレーズの下線の語の意味を答えなさい。

1. according to a new survey ＿＿＿＿
2. follow his instructions ＿＿＿＿
3. a dentist's instrument ＿＿＿＿
4. a clear mountain stream ＿＿＿＿
5. the rich soil of the Nile River ＿＿＿＿

2. 下線部には最もよくあてはまる語，また（　）には適切な前置詞を入れなさい。

6. have (c)＿＿＿＿ (　　　) my ability　自分の能力に自信がある
7. a bridge (　　　) (c)＿＿＿＿　建設中の橋
8. a (l)＿＿＿＿ (　　　) history　歴史に関する講義
9. the (p)＿＿＿＿ (　　　) victory　勝利への道
10. a violent (c)＿＿＿＿　凶悪犯罪

3. それぞれの指示に合う単語を答えなさい。

11. crisis の形容詞形 ＿＿＿＿
12. device の動詞形 ＿＿＿＿
13. ancestor の反対語 ＿＿＿＿
14. analysis の動詞形 ＿＿＿＿
15. universe の形容詞形 ＿＿＿＿

4. 次の単語の意味として適切なものを選択肢の中から1つ選びなさい。

16. scholar	①学者	②技術者	③教授	＿＿＿＿
17. crop	①家畜	②作物	③野菜	＿＿＿＿
18. weapon	①光線	②探知機	③兵器	＿＿＿＿
19. debate	①主張	②対立	③討論	＿＿＿＿

5. [　　] にあてはまる適切な単語を選択肢の中から１つ選びなさい。

20. the [　　　] of the Pacific Ocean　太平洋の周辺
①edge　②environment　③territory　④yard　＿＿＿＿
21. a [　　　] of 5,000 words　5,000 語の語彙
①verge　②vocabulary　③vocation　④volume　＿＿＿＿
22. the [　　　] of freedom　自由の概念
①nation　②norm　③notice　④notion　＿＿＿＿
23. a tree in the [　　　]　庭の木
①guard　②lard　③ward　④yard　＿＿＿＿
24. my friends and [　　　]　私の友人と同僚
①clients　②colleagues　③composers　④containers　＿＿＿＿
25. take a book from the [　　　]　たなから本を取る
①sheer　②shelf　③shield　④shift　＿＿＿＿

6. 次の日本語を英語にしなさい。

26. 家庭用品　＿＿＿＿＿＿＿＿
27. 天敵　＿＿＿＿＿＿＿＿
28. 地震を予知する　＿＿＿＿＿＿＿＿
29. 戦争の犠牲者　＿＿＿＿＿＿＿＿
30. 燃料を使い果たす　＿＿＿＿＿＿＿＿

PLUS

1. アクセントの位置が他と異なるものを１つ選びなさい。
①analysis　②ancestor　③consider　④continue　＿＿

2. 下線部の意味に最も近いものを１つ選びなさい。（駒沢大）
Going to college gave me the confidence to work on my own.
①feeling of friendship towards others　②belief in myself
③faith in others　④secret feeling　＿＿

(6)名詞～(7)形容詞 『システム英単語〈5訂版〉』p. 94～99 解答冊子 p. 19

18 Fundamental Stage No. 511～540 ／30

1. 次の各フレーズの下線の語の意味を答えなさい。

1. the mother-infant relationship ＿＿＿＿
2. the gray cells of the brain ＿＿＿＿
3. newspaper advertising ＿＿＿＿
4. a political leader ＿＿＿＿
5. a medical study ＿＿＿＿

2. 下線部には最もよくあてはまる語，また（　　）には適切な前置詞を入れなさい。

6. a machine run by (e)＿＿＿＿ 電気で動く機械
7. have (p)＿＿＿＿ (　　　) time 十分な時間がある
8. increase (　　　) some (e)＿＿＿＿ ある程度まで増える
9. take out the (g)＿＿＿＿ ゴミを出す
10. be (s)＿＿＿＿ (　　　) each other お互いに似ている
11. be (a)＿＿＿＿ (　　　) the danger 危険に気づいている
12. Water is (e)＿＿＿＿ (　　　) life. 水は生命に不可欠だ

3. それぞれの指示に合う単語を答えなさい。

13. evidence の形容詞形 ＿＿＿＿
14. various の名詞形 ＿＿＿＿
15. complete の反対語 ＿＿＿＿
16. expensive の名詞形 ＿＿＿＿

4. 次の単語の意味として適切なものを選択肢の中から１つ選びなさい。

17.	web	①糸	②巣	③わな	＿＿
18.	storm	①嵐	②天災	③雷鳴	＿＿
19.	agriculture	①水産	②農業	③牧畜	＿＿

20. talent ①芸能 ②好み ③才能 ______
21. general ①一般的な ②特殊な ③もっともな ______
22. huge ①巨大な ②発達した ③複雑な ______

5. [ ] にあてはまる適切な単語を選択肢の中から1つ選びなさい。

23. social [ ] like ants アリのような社会性昆虫
① impacts ② infants ③ insects ④ insults ______
24. have serious [ ] 重大な結果をまねく
① conferences ② connections ③ consequences ④ conventions ______
25. have no [ ] time for sports スポーツをする暇がない
① composure ② leisure ③ measure ④ treasure ______
26. a [ ] rise in prices 物価の急激な上昇
① sharp ② sluggish ③ stable ④ steady ______
27. a [ ] accident ひどい事故
① terrible ② terrific ③ territorial ④ terror ______

6. 次の日本語を英語にしなさい。

28. 目の色を決める遺伝子 ______
29. 古代のギリシャとローマ ______
30. 実用的な英語 ______

PLUS

( ) に入れるのに最も適当なものを1つ選びなさい。

(1) The police thought Danny took the money, but they had no ( ) to support that. (摂南大)
① event ② experience ③ evidence ④ excuse ______

(2) Human beings could be seen as lazy animals to the ( ) that they usually hate any change in the environment. (中部大)
① efficiency ② effort ③ expense ④ extent ______

(7)形容詞 『システム英単語〈5訂版〉』p. 99～103 解答冊子 p. 20

19 Fundamental Stage No. 541～570 ／30

1. 次の各フレーズの下線の語の意味を答えなさい。

1. a typical American family ＿＿＿＿
2. the most appropriate word ＿＿＿＿
3. rapid economic growth ＿＿＿＿
4. accurate information ＿＿＿＿
5. a primitive society ＿＿＿＿

2. 下線部には最もよくあてはまる語，また（ ）には適切な前置詞を入れなさい。

6. when it's (c)＿＿＿＿ (　　) you 君の都合がいいときに
7. Her skin is (s)＿＿＿＿ (　　) sunlight. 彼女の肌は日光に敏感だ
8. Salty food makes you (t)＿＿＿＿. 塩分の多い食事でのどが渇く
9. (t)＿＿＿＿ loss of memory 一時的な記憶喪失

3. それぞれの指示に合う単語を答えなさい。

10. comfortable の名詞形 ＿＿＿＿
11. minor の反対語 ＿＿＿＿
12. mental の反対語 ＿＿＿＿
13. excellent の動詞形 ＿＿＿＿
14. enormous の同意語（2つ答えなさい） (h)＿＿＿＿, (v)＿＿＿＿
15. artificial の反対語 ＿＿＿＿
16. intellectual の名詞形 ＿＿＿＿

4. 次の単語の意味として適切なものを選択肢の中から1つ選びなさい。

17. ideal	①健康的な	②特徴的な	③理想的な	＿＿＿＿
18. tiny	①ちっちゃな	②やんちゃな	③弱々しい	＿＿＿＿
19. rude	①失礼な	②自分勝手な	③率直な	＿＿＿＿

20. sufficient ①過剰な ②最大の ③十分な ______

5. [ ] にあてはまる適切な単語を選択肢の中から1つ選びなさい。

21. the [ ] world 全世界
① earnest ② entire ③ essential ④ evident ______
22. the [ ] cities of Europe ヨーロッパの主要な都市
① practical ② principal ③ principle ④ proper ______
23. [ ] support from the US アメリカからの財政的援助
① federal ② financial ③ fond ④ formidable ______
24. spend [ ] time かなりの時間を費やす
① clinical ② considerable ③ countless ④ crucial ______
25. [ ] life 都会の暮らし
① cosmopolitan ② downtown ③ rural ④ urban ______

6. 次の日本語を英語にしなさい。

26. 私のいちばん好きな食べ物 ______
27. からのビン ______
28. 潜在的な危険 ______
29. 珍しい切手 ______
30. 女性に対して礼儀正しい ______

PLUS

1. 下線部の意味に最も近いものを1つ選びなさい。（亜細亜大）
A：I hope I'm not too early.
B：Not at all. Come in and make yourself at home.
① make yourself understood ② make me angry
③ make yourself comfortable ④ make it to my home ______

2. ( ) to the movies at seven this evening? （関西外国語大）
① Is it convenient for you to go ② Are you convenient to go
③ Is it convenient of you to go ④ Are you convenient of going ______

3. He is very ( ) about losing the race, so don't mention it. （慶應義塾大）
① sensible ② sensitive ③ sensual ④ sensational ______

⑺形容詞〜⑻副詞・その他 『システム英単語〈5訂版〉』p. 103 〜 107 解答冊子 p. 21

20 Fundamental Stage No. 571〜600 ／30

1. 次の各フレーズの下線の語の意味を答えなさい。

1．the latest news from China ＿＿＿＿

2．say stupid things ＿＿＿＿

3．leave immediately after lunch ＿＿＿＿

4．a frequently used word ＿＿＿＿

2. それぞれの指示に合う単語・熟語を答えなさい。

5．permanent の反対語 ＿＿＿＿

6．solid の反対語 ＿＿＿＿

7．eventually の同意熟語（２つ答えなさい）

(a)＿＿＿＿ ＿＿＿＿, (i)＿＿＿＿ ＿＿＿＿ ＿＿＿＿

8．largely の同意熟語（２つ答えなさい）

(m)＿＿＿＿ ＿＿＿＿, (c)＿＿＿＿ ＿＿＿＿

3. 次の単語の意味として適切なものを選択肢の中から１つ選びなさい。

9.	probably	①おそらく	②絶対に	③ついに	＿＿
10.	nevertheless	①それゆえ	②それにもかかわらず	③だからこそ	＿＿
11.	moreover	①その上	②にもかかわらず	③見かけより	＿＿
12.	relatively	①圧倒的に	②一見	③比較的	＿＿
13.	apparently	①一見	②おそらく	③絶対に	＿＿
14.	mostly	①一番に	②一部は	③大部分は	＿＿
15.	approximately	①おそらく	②およそ	③ちょうど	＿＿
16.	accidentally	①偶然に	②絶対に	③それ相応に	＿＿

4. [ ] にあてはまる適切な単語を選択肢の中から１つ選びなさい。

17. the care of [ ] people 高齢者のケア

① elaborate ② elderly ③ explicit ④ extreme ＿＿

18. [　　　] aid to Israel　イスラエルへの軍事的援助
① military　② navy　③ troop　④ weapon　＿＿＿＿

19. an [　　　] difficult problem　非常に難しい問題
① eloquently　② evenly　③ eventually　④ extremely　＿＿＿＿

20. [　　　] become colder　だんだん冷たくなる
① gradually　② gratefully　③ gravely　④ grossly　＿＿＿＿

21. I will [　　　] not marry you.　絶対あなたとは結婚しない
① abstractly　② definitely　③ drastically　④ probably　＿＿＿＿

22. stay [　　　] in his house　彼の家で一晩泊まる
① overnight　② overrighteously　③ overslept　④ overtly　＿＿＿＿

23. He lost [　　　] his efforts.　努力にもかかわらず彼は負けた
① despise　② despite　③ inspite　④ instead　＿＿＿＿

5. 次の日本語を英語にしなさい。

24. 厳しい冬の天候　＿＿＿＿＿＿＿＿

25. 簡潔な説明　＿＿＿＿＿＿＿＿

26. 流動的な社会　＿＿＿＿＿＿＿＿

27. 厳しい規則　＿＿＿＿＿＿＿＿

28. 生物兵器　＿＿＿＿＿＿＿＿

29. ビルのことはほとんど知らない。　＿＿＿＿＿＿＿＿

30. すぐにそれとわかる歌　＿＿＿＿＿＿＿＿

PLUS

(　　) に入れるのに最も適当なものを 1 つ選びなさい。　(慶應義塾大)

There is a very (　　　) rule forbidding smoking in bed.

① severe　② strong　③ hard　④ strict　＿＿＿＿

(1)動詞 『システム英単語〈5訂版〉』p. 110～115　解答冊子 p. 22

Essential Stage No. 601～630　／30

1. 下線部には最もよくあてはまる語，また（　）には適切な前置詞を入れなさい。

1．(a)________ the president　大統領に同伴する

2．a bookcase (a)________ (　　) the wall　壁に取り付けられた本棚

3．(r)________ the positions　立場を逆転する

4．The body is (c)________ (　　) cells.　体は細胞で構成されている

5．(s)________ margarine (　　) butter　マーガリンをバターの代わりに用いる

6．(a)________ him (　　) speeding　スピード違反で彼を逮捕する

7．feel too (d)________ to go out　憂(ゆう)うつで出かける気がしない

2. それぞれの指示に合う単語を答えなさい。

8．obey の形容詞形　________

9．stimulate の名詞形　________

3. 次の単語の意味として適切なものを選択肢の中から1つ選びなさい。

10. interpret　①に干渉する　②を解釈する　③を表現する　________

11. trace　①の跡をたどる　②を再評価する　③を歪曲する　________

12. interrupt　①に参加する　②を解釈する　③を妨げる　________

4. [　] にあてはまる適切な単語を選択肢の中から1つ選びなさい。

13. Some countries [　　] to exist.　いくつかの国は存在しなくなった
①carved　②caused　③ceased　④curbed　________

14. [　　] smoking in public places　公共の場の喫煙を禁ずる
①ban　②bend　③bet　④bother　________

15. [　　] pressure from above　上からの圧力に抵抗する
①rebel　②resist　③retreat　④revolve　________

16. [　　] that it is impossible　それが不可能なことを示す
①demonstrate　②determine　③disappoint　④discharge　________

17. [　　　] a difficult problem　困難な問題に立ち向かう
①compete　②confirm　③confront　④cope　＿＿＿＿
18. [　　　] you that you will win　君が勝つことを保証する
①accuse　②affirm　③assure　④attain　＿＿＿＿

5. 次の英語を日本語にしなさい。

19. ensure the safety of drivers ＿＿＿＿
20. I bet you'll win. ＿＿＿＿
21. ruin his life ＿＿＿＿
22. This example illustrates his ability. ＿＿＿＿

6. 次の日本語を英語にしなさい。

23. まっすぐ前に進む ＿＿＿＿
24. 紙の必要性をなくす ＿＿＿＿
25. 犯罪を犯す ＿＿＿＿
26. アメリカンドリームを追い求める ＿＿＿＿
27. 警察に言うとおどす ＿＿＿＿
28. 言論の自由を制限する ＿＿＿＿
29. 壁にもたれる ＿＿＿＿
30. 医者に相談して助言を求める ＿＿＿＿

PLUS

1. 左の単語と同じ位置にアクセントがある語を1つ選べ。
illustrate　①interpret　②interrupt 動　③substitute　＿＿

2. 下線部の単語に最も意味の近いものを選択肢から1つ選べ。（大分大）
Sitting down and talking will <u>ensure</u> mutual understanding.
①be fighting or arguing
②change something in order to deceive
③improve the quality of something
④make something certain to happen　＿＿

⑴動詞 『システム英単語〈5訂版〉』p. 115～120 解答冊子 p. 23

22 Essential Stage No. 631～660 ／30

1. 次のフレーズの下線の語の意味を答えなさい。

1. neglect human rights ＿＿＿＿

2. 下線部には最もよくあてはまる語，また（ ）には適切な前置詞を入れなさい。

2. (c)＿＿＿＿ ( ) the wall 壁に激突する
3. (s)＿＿＿＿ ( ) Chinese history 中国史を専攻する
4. (t)＿＿＿＿ messages メッセージを伝える
5. (C)＿＿＿＿ your hands as you sing. 歌いながら手をたたきなさい
6. (b)＿＿＿＿ ( ) tears 急に泣き出す
7. (d)＿＿＿＿ the idea ( ) nonsense その考えをばからしいと無視する
8. (p)＿＿＿＿ children ( ) working 子供が働くのを禁じる
9. (q)＿＿＿＿ ( ) the position その地位に適任である
10. (o)＿＿＿＿ the fact 事実を見逃す
11. (a)＿＿＿＿ him ( ) lying 彼がうそをついたと非難する
12. The fact (c)＿＿＿＿ ( ) my theory. その事実は私の理論と一致する
13. (a)＿＿＿＿ success ( ) luck 成功は幸運のおかげだと思う

3. 指示に合う単語を答えなさい。

14. found の同意語 ＿＿＿＿

4. 次の単語の意味として適切なものを選択肢の中から1つ選びなさい。

15. inspire ①を説得する ②を奮起させる ③を要求する ＿＿＿＿
16. breed ①出血する ②を大切にする ③を繁殖させる ＿＿＿＿
17. invest ①を調査する ②を投資する ③を分配する ＿＿＿＿

5. [ ] にあてはまる適切な単語を選択肢の中から１つ選びなさい。

18. [ ] plants 植物を栽培する
① capture ② complete ③ conceal ④ cultivate ＿＿＿
19. [ ] to the queen 女王様におじぎする
① base ② beg ③ bend ④ bow ＿＿＿
20. be [ ] to pay the price 対価を払わざるをえない
① obliged ② occupied ③ opposed ④ oppressed ＿＿＿
21. [ ] what he is saying 彼の言うことを理解する
① grab ② grant ③ grasp ④ grumble ＿＿＿
22. be [ ] by the lack of money 金がなくて欲求不満になる
① faded ② forbidden ③ frowned ④ frustrated ＿＿＿
23. an [ ] memory 驚異的な記憶力
① amusing ② apparent ③ arising ④ astonishing ＿＿＿

6. 次の英語を日本語にしなさい。

24. The building collapsed. ＿＿＿
25. register a new car ＿＿＿
26. cast a shadow on the wall ＿＿＿
27. resolve disagreements ＿＿＿

7. 次の日本語を英語にしなさい。

28. 約束を果たす ＿＿＿
29. 彼からチャンスを奪う ＿＿＿
30. 飢えた子どもたちに食事を与える ＿＿＿

PLUS

( ) に入れるのに最も適当なものを１つ選びなさい。

(1) We'll ( ) your mistake this time. (立命館大)
① constitute ② overlook ③ persecute ④ provide ＿＿＿

(2) What do you plan to major in in college? (中部大)
① improve ② lecture ③ listen to ④ specialize in ＿＿＿

⑴動詞 『システム英単語〈5訂版〉』p. 121 ～ 126 解答冊子 p. 24

23 Essential Stage No. 661 ～ 690 ／30

1. 次のフレーズの下線の語の意味を答えなさい。

1. What does her smile imply? ＿＿＿＿＿

2. 下線部には最もよくあてはまる語，また（ ）には適切な前置詞を入れなさい。

2. (i)＿＿＿＿＿ rules ( ) students 学生に規則を押しつける
3. (c)＿＿＿＿＿ sunlight ( ) electricity 太陽の光を電気に転換する
4. be (a)＿＿＿＿＿ ( ) an important post 重要なポストに任命される
5. (a)＿＿＿＿＿ work ( ) each member 各メンバーに仕事を割り当てる
6. (s)＿＿＿＿＿ into two groups 2つのグループに分裂する
7. (r)＿＿＿＿＿ ( ) violence 暴力に訴える
8. The car is (e)＿＿＿＿＿ ( ) AI. その車はAIが装備されている
9. He (d)＿＿＿＿＿ himself ( ) his work. 彼は仕事に身をささげた

3. 指示に合う単語を答えなさい。

10. pronounce の名詞形 ＿＿＿＿＿

4. 次の単語の意味として適切なものを選択肢の中から1つ選びなさい。

11.	scare	①をいらだたせる	②をおびえさせる	③を欠乏する	＿＿＿
12.	constitute	①に貢献する	②を構成する	③を増やす	＿＿＿
13.	nod	①うなずく	②お辞儀する	③目配せする	＿＿＿
14.	elect	①に立候補する	②を選挙で選ぶ	③を任命する	＿＿＿
15.	transfer	①に永住する	②に出張する	③を移す	＿＿＿
16.	descend	①下る	②後退する	③辞退する	＿＿＿
17.	cheat	①いかさまをする	②をからかう	③を割り引く	＿＿＿
18.	urge	①に強く迫る	②を援助する	③を渡る	＿＿＿

5. [　] にあてはまる適切な単語を選択肢の中から１つ選びなさい。

19. [　　　] the bank of $50,000　銀行から５万ドル奪う
① fetch　② rob　③ steal　④ violate　＿＿＿

20. [　　　] wild animals　野生動物を捕らえる
① bully　② capture　③ fetch　④ halt　＿＿＿

21. save a [　　　] child　おぼれている子供を救う
① draining　② drawing　③ dreading　④ drowning　＿＿＿

22. A new problem has [　　　].　新たな問題が出現した
① embarrassed　② embraced　③ emerged　④ ensured　＿＿＿

23. [　　　] the rich　金持ちをうらやむ
① enclose　② endow　③ endure　④ envy　＿＿＿

24. how to [　　　] lies　うそを発見する方法
① declare　② decline　③ detect　④ disguise　＿＿＿

6. 次の英語を日本語にしなさい。

25. undertake the work　＿＿＿＿＿＿＿＿

26. irritating noise　＿＿＿＿＿＿＿＿

27. prompt him to speak　＿＿＿＿＿＿＿＿

7. 次の日本語を英語にしなさい。

28. 時はすべての傷をいやす。　＿＿＿＿＿＿＿＿

29. その車を追跡する　＿＿＿＿＿＿＿＿

30. 手を引っ込める　＿＿＿＿＿＿＿＿

PLUS

(　　) に入れるのに最も適当なものを１つ選びなさい。

I was (　　　) of my wallet.　(大阪芸大)

① taken　② stolen　③ robbed　④ kidnaped　＿＿＿

⑴動詞～⑵名詞 『システム英単語〈5訂版〉』p. 127 ～ 132　解答冊子 p. 25

24 Essential Stage No. 691～720　／30

1. 次のフレーズの下線の語の意味を答えなさい。

1. You must be kidding. ________

2. 下線部には最もよくあてはまる語，また（　）には適切な前置詞を入れなさい。

2. (i)________ (　　) his work　彼の仕事をじゃまする
3. be (i)________ (　　) the virus　ウイルスに感染している
4. (s)________ (　　) an ancient tradition　古い伝統に由来する
5. the (p)________ of boys (　　) girls　男子と女子の比率
6. sign a (c)________ (　　) Google　グーグルとの契約にサインする
7. a modern (d)________　近代民主国家
8. an (e)________ room　救急治療室
9. a (p)________ (　　) war　戦争に対する抗議
10. (i)________ from Mexico　メキシコからの移民
11. leave home (　　) (d)________　夜明けに家を出る

3. 次の単語の意味として適切なものを選択肢の中から１つ選びなさい。

12. launch　①に乗り込む　②を打ち上げる　③を設計する ____
13. tap　①を押す　②を借りる　③を軽くたたく ____
14. routine　①決まりきった仕事　②約束　③労働 ____

4. [　] にあてはまる適切な単語を選択肢の中から１つ選びなさい。

15. His power [　　].　彼の力は衰えた
    ① dedicated　② diminished　③ dispensed　④ disrupted ____
16. [　　] coffee on the keyboard　キーボードにコーヒーをこぼす
    ① snap　② spill　③ spit　④ split ____
17. have [　　] pains　胸が痛む
    ① charm　② cheat　③ cheek　④ chest ____

18. a man of high [　　　] 高い地位の人
① ink　② rank　③ tinkle　④ twinkle　＿＿＿
19. a [　　　] for communication 意思伝達の手段
① clue　② mean　③ span　④ vehicle　＿＿＿
20. write really good [　　　] 本当によいものを書く
① spill　② staff　③ stiff　④ stuff　＿＿＿
21. sit in the front [　　　] 最前列に座る
① law　② low　③ raw　④ row　＿＿＿

5. 次の英語を日本語にしなさい。

22. foster creativity ＿＿＿
23. embrace a new idea ＿＿＿
24. public facilities ＿＿＿

6. 次の日本語を英語にしなさい。

25. 絶滅危惧種 ＿＿＿
26. 財宝を発見する ＿＿＿
27. 東京株式市場 ＿＿＿
28. 多額のお金 ＿＿＿
29. 君のオンラインのプロフィール ＿＿＿
30. 社会福祉 ＿＿＿

PLUS

1. 次の日本語を英語にしなさい。（立正大，他）
覆水盆に返らず（こぼれた牛乳を悔んでなげいても仕方がない）。
＿＿＿

2. （　　）に入れるのに最も適当なものを１つ選びなさい。（亜細亜大）
What is the (　　　) of boys to girls in the mathematics class?
① place　② number　③ size　④ amount　⑤ proportion　＿＿＿

(2)名詞 『システム英単語〈5訂版〉』p. 132 ~ 137　解答冊子 p. 26

25 Essential Stage No. 721 ~ 750　／30

1. 次のフレーズの下線の語の意味を答えなさい。

1. the meaning in this context ＿＿＿＿＿＿

2. 下線部には最もよくあてはまる語，また（　　）には適切な前置詞を入れなさい。

2. see life (　　　　) a new (p)＿＿＿＿＿＿　新しい見方で人生を考える
3. his (e)＿＿＿＿＿＿ (　　　　) soccer　彼のサッカーに対する情熱
4. There's no English (e)＿＿＿＿＿＿ (　　　　) haiku.
   俳句に相当するものは英語にない
5. find (s)＿＿＿＿＿＿ (　　　　) the cold　寒さから逃れる場所を見つける
6. according to official (s)＿＿＿＿＿＿　公式の統計によると
7. (p)＿＿＿＿＿＿ against women　女性に対する偏見
8. put a (s)＿＿＿＿＿＿ (　　　　) the heart　心臓に負担をかける
9. Summer is (　　　　) its (h)＿＿＿＿＿＿.　夏真っ盛りだ

3. 次の単語の意味として適切なものを選択肢の中から１つ選びなさい。

10.	pile	①整理棚	②積み重ね	③箱	＿＿＿
11.	honor	①感謝	②幸運	③名誉	＿＿＿
12.	border	①基準	②国境地帯	③地域	＿＿＿
13.	load	①神	②荷物	③領主	＿＿＿
14.	trap	①足音	②災難	③わな	＿＿＿
15.	divorce	①出産	②引越し	③離婚	＿＿＿
16.	tune	①気風	②曲	③恋	＿＿＿

4. [　　] にあてはまる適切な単語を選択肢の中から１つ選びなさい。

17. a [　　　] to the accident　事故の目撃者
   ① witch　② witchery　③ witless　④ witness　＿＿＿

18. achieve the [　　　] 目標を達成する
① competitive ② conservative ③ instructive ④ objective ＿＿＿＿

19. defend a [　　　] なわ張りを守る
① category ② predatory ③ repertory ④ territory ＿＿＿＿

20. a [　　　] of the law その法律の再検討
① rehearse ② reinvest ③ resign ④ review ＿＿＿＿

21. have a quick [　　　] すぐかっとなる気性である
① temper ② temperate ③ temperature ④ template ＿＿＿＿

22. a knife [　　　] ナイフの傷
① warrant ② whip ③ wind ④ wound ＿＿＿＿

5. 次の英語を日本語にしなさい。

23. have faith in technology ＿＿＿＿
24. a well-paid occupation ＿＿＿＿
25. the kingdom of Denmark ＿＿＿＿
26. a window frame ＿＿＿＿
27. a private enterprise ＿＿＿＿
28. world grain production ＿＿＿＿

6. 次の日本語を英語にしなさい。

29. 試行錯誤 ＿＿＿＿
30. 黒人の奴隷 ＿＿＿＿

PLUS

1. (1)と(2)の各単語で，最も強く発音する音節の番号を選びなさい。

(1) en-thu-si-asm (2) en-ter-prise (1) ＿＿ (2) ＿＿
① ② ③ ④ ① ② ③

2. 左の語の下線部と同じ発音を含むものを選択肢の中から１つ選びなさい。

(1) h<u>ei</u>ght ① hor<u>i</u>zon ② m<u>ea</u>t ③ rec<u>ei</u>ve ④ w<u>ei</u>ght ＿＿

(2) w<u>ou</u>nd「傷」 ① b<u>ou</u>gh ② d<u>ou</u>bt ③ th<u>ou</u>gh ④ thr<u>ou</u>gh ＿＿

⑵名詞 『システム英単語〈5訂版〉』p. 137～142　解答冊子 p. 27

26 Essential Stage No. 751～780 ／30

1. 下線部には最もよくあてはまる語，また（　）には適切な前置詞を入れなさい。

1. have no (p)________ in history　歴史上匹敵するものがない
2. the moon rising (　　　) the (h)________　地平線に昇る月
3. become a (b)________ (　　　) society　社会の重荷になる
4. a joint (v)________ with Taiwan　台湾との共同事業
5. carry out a dangerous (m)________　危険な任務を果たす
6. the factory's (o)________　その工場の生産高

2. 次の単語の意味として適切なものを選択肢の中から１つ選びなさい。

7.	prey	①祈り	②獲物	③群れ	____
8.	inquiry	①記事	②調査	③報告	____
9.	award	①候補	②賞	③発表	____
10.	circulation	①交換	②循環	③状況	____
11.	stereotype	①先入観	②調査報告	③典型的なイメージ	____

3. [　] にあてはまる適切な単語を選択肢の中から１つ選びなさい。

12. the moral [　　　] of science　科学の道徳的側面
① decade　② dialect　③ dimension　④ diploma　____

13. the latest [　　　] of the software　そのソフトの最新版
① variation　② variety　③ venture　④ version　____

14. friends and [　　　]　友人と知人
① acquaintances　② allies　③ allowances　④ appointments　____

15. the scientific [　　　] of his theory　彼の理論の科学的根拠
① basis　② bias　③ bond　④ border　____

16. business [　　　]　企業の経営
① administration　② admission　③ affection　④ application　____

17. a long [　　　] of paper　長い紙切れ
① stride　② strip　③ stripe　④ strive　＿＿＿

18. be in economic [　　　]　経済的苦難におちいる
① deficit　② destiny　③ distress　④ draft　＿＿＿

19. keep the beer in the [　　　]　ビールを日陰に置く
① shade　② shake　③ shallow　④ swallow　＿＿＿

20. a lawyer and his [　　　]　弁護士とその依頼人
① client　② committee　③ council　④ customer　＿＿＿

21. praise the [　　　]　神をたたえる
① Laud　② Load　③ Lord　④ Loud　＿＿＿

22. discover a gold [　　　]　金鉱を発見する
① dine　② line　③ mine　④ pine　＿＿＿

23. a traditional Japanese [　　　]　日本の伝統工芸
① comfort　② craft　③ draft　④ drift　＿＿＿

4. 次の英語を日本語にしなさい。

24. the science faculty　＿＿＿＿＿＿＿＿

25. a city full of charm　＿＿＿＿＿＿＿＿

26. sense organs　＿＿＿＿＿＿＿＿

27. follow social conventions　＿＿＿＿＿＿＿＿

5. 次の日本語を英語にしなさい。

28. 平均寿命　＿＿＿＿＿＿＿＿

29. 毒ガス　＿＿＿＿＿＿＿＿

30. 日本国憲法　＿＿＿＿＿＿＿＿

That lawyer has not had a lot of (　　　).（獨協大）
① clients　② customers　③ consumers　④ guests　＿＿＿

(2)名詞～(3)形容詞 『システム英単語〈5訂版〉』p. 143 ～ 148 解答冊子 p. 28

27 Essential Stage No. 781～810 ／30

1. 下線部には最もよくあてはまる語，また（　　）には適切な前置詞を入れなさい。

1．the (c)________ (　　　) the problem 問題の核心

2．America's last (f)________ アメリカ最後の辺境

3．feel (g)________ about leaving him 彼を捨てたことに罪の意識を感じる

4．become (a)________ (　　　) driving 車の運転に慣れる

5．I'm (k)________ (　　　) talk to him. 私は彼と話をしたい

6．the (d)________ balance of nature 自然界の微妙なバランス

7．be (e)________ from overwork 過労で疲れ切っている

2. それぞれの指示に合う単語を答えなさい。

8．steady の同意語 ________

9．mature の反対語 ________

10．concrete の反対語 ________

3. 次の単語の意味として適切なものを選択肢の中から１つ選びなさい。

11.	stroke	①心臓麻痺	②内出血	③脳卒中	____
12.	peer	①家族	②故郷	③同僚	____
13.	terminal	①施設	②終点	③停留所	____
14.	vital	①きわめて重要な	②全体的な	③部分的な	____
15.	contemporary	①現代の	②古代の	③中世の	____
16.	dull	①退屈させる	②単純な	③疲れはてた	____
17.	awful	①悲しい	②望ましい	③ひどい	____

4. [　　] にあてはまる適切な単語を選択肢の中から１つ選びなさい。

18．blood [　　　] 血管

① vehicles　② vessels　③ viruses　④ volcanos ____

19. swim against the [　　　] 潮流に逆らって泳ぐ
① guide　② ride　③ slide　④ tide　＿＿＿

20. his [　　　] workers 彼の仕事仲間
① fellow　② flaw　③ flow　④ follow　＿＿＿

21. wear [　　　] clothes ゆったりとした服を着る
① lone　② loom　③ loose　④ loss　＿＿＿

22. wear [　　　] clothes 気楽な服装をする
① casual　② civil　③ crude　④ curious　＿＿＿

23. part of an [　　　] plan 全体的な計画の一部
① overall　② overrated　③ overt　④ overwhelming　＿＿＿

5. 次の英語を日本語にしなさい。

24. zero gravity in space ＿＿＿＿＿＿

25. a question of medical ethics ＿＿＿＿＿＿

26. internal medicine ＿＿＿＿＿＿

6. 次の日本語を英語にしなさい。

27. 障害を持つ人々 ＿＿＿＿＿＿

28. 児童虐待 ＿＿＿＿＿＿

29. 彼の年収 ＿＿＿＿＿＿

30. きついジーンズ ＿＿＿＿＿＿

PLUS

1. 下線部の発音が他と異なるものを1つ選びなさい。

(1) ① export　② expectation　③ exhaust　④ exercise　＿＿＿

(2) ① advise　② choose　③ loose　④ lose　＿＿＿

2. Time flies like an arrow. Time and tide wait for (　　　). (愛知大)
① everyone　② someone　③ any man　④ no man　＿＿＿

(3)形容詞 『システム英単語〈5訂版〉』p. 148 ~ 153　解答冊子 p. 29

28 Essential Stage No. 811 ~ 840　／30

1. 下線部には最もよくあてはまる語，また（　）には適切な前置詞を入れなさい。

1. (s)________ computer technology　高度なコンピュータ技術
2. expressions (p)________ (　　　) English　英語特有の表現
3. different (e)________ groups　異なる民族集団
4. be (r)________ (　　　) the question　その問題に関係がある
5. I'm (t)________ to hear your voice.　君の声が聞けてとてもうれしい
6. be (c)________ (　　　) the theory　理論と一致する
7. a (m)________ life　惨めな生活
8. She is very (f)________ (　　　) reading.　彼女は読書が大好きだ

2. それぞれの指示に合う単語を答えなさい。

9. minimum の反対語　________
10. passive の反対語　________
11. innocent の反対語　________

3. 次の単語の意味として適切なものを選択肢の中から１つ選びなさい。

12.	modest	①華麗な	②控えめな	③目立った	____
13.	latter	①後者の	②前者の	③どちらかの	____
14.	noble	①卑しい	②高貴な	③貧しい	____
15.	alien	①外国の	②伝統的な	③無知な	____
16.	awkward	①気まぐれな	②気まずい	③重々しい	____
17.	plain	①飛行	②平面	③明白な	____

4. [　　] にあてはまる適切な単語を選択肢の中から１つ選びなさい。

18. a [　　　] interest in science　科学に対する真の関心
① general　② generous　③ genetic　④ genuine　____

19. make a [　　　] effort　むだな努力をする
① vain　② valid　③ vein　④ vital　＿＿＿＿

20. I am [　　　] to believe him.　彼の言葉を信じたい気がする
① declined　② dedicated　③ devoted　④ inclined　＿＿＿＿

21. That's a [　　　] idea!　それはすばらしいアイディアだ！
① barren　② brilliant　③ greedy　④ gross　＿＿＿＿

22. a [　　　] drink　さわやかな飲み物
① reflecting　② reflexing　③ reflowing　④ refreshing　＿＿＿＿

23. her [　　　] self　彼女の内なる自分
① inevitable　② inner　③ insane　④ intent　＿＿＿＿

24. have [　　　] memories　鮮やかな思い出がある
① acid　② rigid　③ timid　④ vivid　＿＿＿＿

5. 次の英語を日本語にしなさい。

25. the prime cause　＿＿＿＿＿＿＿＿

26. an intimate relationship　＿＿＿＿＿＿＿＿

27. a bitter experience　＿＿＿＿＿＿＿＿

28. the underlying cause　＿＿＿＿＿＿＿＿

29. a desperate attempt　＿＿＿＿＿＿＿＿

30. a substantial number of people　＿＿＿＿＿＿＿＿

PLUS

We tried to persuade him to come and live with us, but it was (　　　) vain.
① in　② at　③ on　④ for　(拓殖大)　＿＿＿＿

⑶形容詞〜⑸動詞 『システム英単語〈5訂版〉』p. 153 〜 158 解答冊子 p. 30

29 Essential Stage No. 841〜870 ／30

1. 下線部には最もよくあてはまる語，また（ ）には適切な前置詞を入れなさい。

1．(b)________ the surface of the water 水面下で

2．(t)________ food (　　　) energy 食べ物をエネルギーに変える

3．(d)________ a lie (　　　) the truth うそと真実を見分ける

4．(c)________ (　　　) problems 問題にうまく対処する

2. それぞれの指示に合う単語・熟語を答えなさい。

5．investigate の同意熟語 ________ ________

6．accomplish の同意語（２つ答えなさい） (a)________，(a)________

7．endure の同意語（２つ答えなさい） (s)________，(b)________

3. 次の単語の意味として適切なものを選択肢の中から１つ選びなさい。

8．precisely	①正確に	②だいたい	③やがて	____
9．meanwhile	①その間に	②その後で	③その前に	____
10．barely	①かろうじて	②幸運にも	③ぼんやりと	____
11．accordingly	①自主的に	②それ相応に	③連続して	____
12．alter	①を変える	②を記録する	③を守る	____
13．occur	①移る	②起こる	③留まる	____
14．hesitate	①禁止する	②妨げる	③ためらう	____
15．conclude	①と仮定する	②と結論づける	③と推定する	____

4. [ ] にあてはまる適切な単語を選択肢の中から１つ選びなさい。

16．disappear [　　　] 完全に消滅する

① almost ② altogether ③ awfully ④ mostly ____

17．Have you seen him [　　　]? 最近彼に会いましたか

① lately ② later ③ latest ④ latter ____

18. I could [ ] believe it. ほとんど信じられなかった
① barely ② nearly ③ occasionally ④ scarcely ______

19. [ ] ignore him 彼をわざと無視する
① aptly ② considerably ③ deliberately ④ sensibly ______

20. The British say "lift", [ ] Americans say "elevator."
イギリス人は「リフト」と言うが，アメリカ人は「エレベータ」と言う
① whereabout ② whereafter ③ whereas ④ wherein ______

21. [ ] independence from Britain イギリスからの独立を宣言する
① declare ② deliver ③ depict ④ disguise ______

22. Problems [ ] from carelessness. 不注意から問題が生じる
① arise ② cause ③ induce ④ infer ______

23. [ ] treasure 宝物を埋める
① bend ② bet ③ bother ④ bury ______

24. [ ] people with a smile 笑顔で人にあいさつする
① glance ② glow ③ grasp ④ greet ______

5. 次の英語を日本語にしなさい。

25. dominate the world economy ______

26. confirm Darwin's theory ______

6. 次の日本語を英語にしなさい。

27. 正しいかまちがいか ______

28. 怠惰な学生 ______

29. チャンピオンを打ち負かす ______

30. 君の成功を保証する ______

PLUS

下線部と最も近い意味の語を選べ。

He decided to become poor deliberately. （愛知大）

① freely and carelessly ② having no interest in something
③ not thinking much about something ④ on purpose ______

⑸動詞 『システム英単語〈5訂版〉』p. 158 ～ 162　解答冊子 p. 31

30 Essential Stage No. 871 ～ 900　／30

1. 下線部には最もよくあてはまる語，また（　　）には適切な前置詞を入れなさい。

1．(d)＿＿＿＿＿ ourselves (　　　　) attack　攻撃から自分たちを守る

2．(g)＿＿＿＿＿ (　　　　) the clock　時計をちらりと見る

3．(d)＿＿＿＿＿ a day (　　　　) twenty-four hours　1 日を 24 時間と定義する

4．(c)＿＿＿＿＿ (　　　　) friends　友達とおしゃべりする

5．Demand (e)＿＿＿＿＿ supply.　需要が供給を超える

6．(c)＿＿＿＿＿ (　　　　) each other　お互いに協力する

7．(i)＿＿＿＿＿ genes (　　　　) our parents　親から遺伝子を受け継ぐ

2. それぞれの指示に合う単語・熟語を答えなさい。

8．forbid の反対語（2つ答えなさい）　(a)＿＿＿＿＿，(p)＿＿＿＿＿

9．deceive の同意熟語　＿＿＿＿＿ ＿＿＿＿＿

3. 次の単語の意味として適切なものを選択肢の中から 1 つ選びなさい。

10. entertain　①を楽しませる　②を案内する　③を送り出す　＿＿＿＿

11. sacrifice　①を犠牲にする　②を乗り越える　③を忘れる　＿＿＿＿

12. rescue　①を救助する　②を死なせる　③を避難させる　＿＿＿＿

13. convey　①を調査する　②を伝える　③を募集する　＿＿＿＿

14. purchase　①を開発する　②を購入する　③を求める　＿＿＿＿

15. fade　①薄れる　②残る　③よみがえる　＿＿＿＿

16. leap　①進む　②跳ぶ　③走る　＿＿＿＿

17. exaggerate　①を計測する　②を誇張する　③を示す　＿＿＿＿

4. [　　] にあてはまる適切な単語を選択肢の中から 1 つ選びなさい。

18. [　　　] the world title　世界タイトルを保持する

① contain　② maintain　③ retain　④ sustain　＿＿＿＿

19. [ ] him to come back　彼に帰って来てと乞う
① beg　② bet　③ bind　④ bow ＿＿

20. energy to [ ] life　生命を維持するためのエネルギー
① contain　② entertain　③ retain　④ sustain ＿＿

21. [ ] food equally　平等に食料を分配する
① deliberate　② distribute　③ draw　④ drown ＿＿

22. [ ] the Arab world　アラブ世界を団結させる
① uniform　② unite　③ universe　④ utilize ＿＿

5. 次の英語を日本語にしなさい。

23. broadcast the concert live ＿＿＿＿

24. enhance the quality of life ＿＿＿＿

6. 次の日本語を英語にしなさい。

25. その罪で彼を罰する ＿＿＿＿

26. コストを計算する ＿＿＿＿

27. 沈む船から逃げる ＿＿＿＿

28. 交通を規制する ＿＿＿＿

29. テーブルをふく ＿＿＿＿

30. 世界を征服する ＿＿＿＿

PLUS

1．最も強く発音する音節の位置が他と異なるものを１つ選びなさい。
① distribute　② entertain　③ guarantee　④ interfere ＿＿

2．左の語の下線部と同じ発音を含むものを選択肢の中から１つ選びなさい。
deceive　① evening　② instead　③ sweat　④ radio ＿＿

3．下線部の意味に最も近いものを１つ選びなさい。　(西南学院大)
Our chances of sustaining a satisfying relationship often rest on whether we know where and when to draw the line between disclosure and secrecy.
① establishing　② maintaining　③ terminating　④ finishing ＿＿

1 Fundamental
2 Essential
3 Advanced
4 Final
5 多義語

⑸動詞〜⑹名詞 『システム英単語〈5訂版〉』p. 162〜166 解答冊子 p. 32

31 Essential Stage No. 901〜930 ／30

1. 下線部には最もよくあてはまる語，また（ ）には適切な前置詞を入れなさい。

1. The word (d)________ ( ) Latin. その単語はラテン語に由来する
2. (c)________ man ( ) an animal 人間を動物として分類する
3. (f)________ a piece of paper 紙を折りたたむ
4. stop and (s)________ ( ) her 立ち止まって彼女をじっと見る
5. a space science (l)________ 宇宙科学研究所
6. an international (c)________ 国際会議
7. cross the American (c)________ アメリカ大陸を横断する

2. それぞれの指示に合う単語を答えなさい。

8. gaze の同意語 ________
9. emphasize の名詞形 ________

3. 次の単語の意味として適切なものを選択肢の中から１つ選びなさい。

10. scatter	①を落とす	②を並べる	③をばらまく	____
11. evaluate	①を調査する	②を伸ばす	③を評価する	____
12. bend	①手を伸ばす	②販売する	③身をかがめる	____
13. scream	①懇願する	②逃げる	③悲鳴をあげる	____
14. assert	①と疑う	②と主張する	③と推定する	____
15. pour	①を入れておく	②を注ぐ	③を残す	____
16. restore	①を解体する	②を修復する	③を放置する	____

4. [ ] にあてはまる適切な単語を選択肢の中から１つ選びなさい。

17. The snow will [ ] soon. 雪は間もなく溶けるだろう

① assault ② belt ③ halt ④ melt ____

18. [ ] Poland ポーランドに侵入する

① infect ② interrupt ③ intervene ④ invade ____

19. [　　　] great changes　大きな変化を経験する
　① experiment　② implement　③ overtake　④ undergo　＿＿＿＿

20. [　　　] him by the arm　彼の腕をつかむ
　① glitter　② grab　③ groan　④ grumble　＿＿＿＿

21. [　　　] from sight　視界から消える
　① banish　② bewilder　③ vanish　④ violate　＿＿＿＿

5. 次の英語を日本語にしなさい。

22. sweep the floor　＿＿＿＿＿＿＿＿
23. imitate human behavior　＿＿＿＿＿＿＿＿
24. deserve to be punished　＿＿＿＿＿＿＿＿
25. national health insurance　＿＿＿＿＿＿＿＿

6. 次の日本語を英語にしなさい。

26. 計画を修正する　＿＿＿＿＿＿＿＿
27. 病気の子供のために祈る　＿＿＿＿＿＿＿＿
28. 靴を磨く　＿＿＿＿＿＿＿＿
29. 彼女の耳にささやく　＿＿＿＿＿＿＿＿
30. ストレスを取り除く　＿＿＿＿＿＿＿＿

PLUS

1. 下線部の意味に最も近いものを 1 つ選びなさい。　（立命館大）
　He decided to get rid of all the magazines in his room.
　① tear　② classify　③ submit　④ discard　＿＿

2. (　　) に入れるのに最も適切なものを 1 つ選びなさい。　（東北福祉大）
　Jane has been working very hard, so I think she (　　　) a long vacation.
　① conserves　② deserves　③ reserves　④ preserves　＿＿

⑹名詞 『システム英単語〈5訂版〉』p. 166～170　解答冊子 p. 33

32 Essential Stage No. 931～960　／30

1. 下線部には最もよくあてはまる語，また（　　）には適切な前置詞を入れなさい。

1. the (c)__________ of the space shuttle　スペースシャトルの乗組員たち
2. live in (p)__________　貧乏な生活をする
3. the only (e)__________ (　　　　) the rule　その規則の唯一の例外
4. settle international (d)__________　国際紛争を解決する

2. それぞれの指示に合う単語を答えなさい。

5. virtue の反対語　__________
6. courage の動詞形　__________

3. 次の単語の意味として適切なものを選択肢の中から１つ選びなさい。

7.	wisdom	①賢者	②知恵	③無知	_____
8.	category	①範ちゅう	②分析	③要素	_____
9.	reputation	①顧客	②評判	③メニュー	_____
10.	volume	①音声	②価値	③本	_____
11.	tourism	①回転	②観光	③周囲	_____

4. ［　　］にあてはまる適切な単語を選択肢の中から１つ選びなさい。

12. work for low [　　　]　安い賃金で働く
   ① costs　② fares　③ fees　④ wages　_____
13. pay [　　　] on the land　その土地にかかる税金を払う
   ① costs　② fares　③ fees　④ taxes　_____
14. the family as a social [　　　]　社会の単位としての家族
   ① unify　② union　③ unit　④ unite　_____
15. feel [　　　] for the victim　犠牲者に同情する
   ① apathy　② homeopathy　③ psychopathy　④ sympathy　_____

16. the beginning of a new [ ] 新しい時代の始まり
① area ② awe ③ era ④ estate ____

17. reach the final [ ] 最終目的地に着く
① destination ② destiny ③ distance ④ district ____

5. 次の英語を日本語にしなさい。

18. the language barrier ____
19. a labor union ____
20. the history of mankind ____
21. landscape painting ____
22. tell a fairy tale ____
23. muscles and bones ____

6. 次の日本語を英語にしなさい。

24. 水不足 ____
25. 国際情勢 ____
26. 人類の進化 ____
27. 西洋文明 ____
28. サクラの花 ____
29. 大量殺人 ____
30. 政治改革 ____

PLUS

1. (1)と(2)の各単語で，最も強く発音する音節の番号を選びなさい。

(1) bar-ri-er (① ② ③) (2) vol-ume (① ②) (1) ____ (2) ____

2. She won her position by ( ) of hard work. （西南学院大）
① effort ② agency ③ virtue ④ lack ____

⑹名詞 『システム英単語〈5訂版〉』p. 170 ～ 173　解答冊子 p. 34

33 Essential Stage No. 961～990　／30

1. 下線部には最もよくあてはまる語，また（　）には適切な前置詞を入れなさい。

1. future (p)__________　将来の見通し
2. a (q)__________ (　　　) my wife　妻との口論
3. unique (a)__________ (　　　) Japanese culture　日本文化のユニークな側面
4. a three-minute (p)__________　3分間の休止
5. the (c)__________ (　　　) the two sides　その両者間の対立
6. destroy the ozone (l)__________　オゾン層を破壊する
7. a (c)__________ (　　　) the mystery　その謎を解く手がかり
8. (　　　) any (c)__________　いかなる状況においても

2. それぞれの指示に合う単語を答えなさい。

9. merit の反対語　__________
10. prison の同意語　__________

3. 次の単語の意味として適切なものを選択肢の中から1つ選びなさい。

11.	corporation	①企業	②共同体	③協力	____
12.	seed	①種	②布	③料理	____
13.	symptom	①症状	②治療	③発見	____
14.	companion	①案内	②会社	③仲間	____
15.	procedure	①進行	②手続き	③場所	____
16.	oxygen	①酸素	②炭素	③窒素	____
17.	boundary	①境界	②抗争	③団結	____

4. [　] にあてはまる適切な単語を選択肢の中から1つ選びなさい。

18. a former British [　　　]　元イギリスの植民地

① colony　② community　③ component　④ conformity　____

19. a musical [ ] 音楽の天才
① gender ② gene ③ genius ④ grain ____

20. the city's business [ ] その都市の商業地区
① distinct ② distract ③ distress ④ district ____

21. chief [ ] officer 最高経営責任者（CEO）
① editor ② employee ③ employer ④ executive ____

22. a strong sense of [ ] 強い正義感
① judge ② jury ③ justice ④ juvenile ____

23. lead a life of [ ] ぜいたくな生活を送る
① flavory ② jury ③ luxury ④ treasury ____

24. the [ ] of the book その本の主題
① subjection ② subjective ③ tamer ④ theme ____

5. 次の英語を日本語にしなさい。

25. an intellectual profession ____
26. white privilege ____
27. the sun's rays ____

6. 次の日本語を英語にしなさい。

28. 経済的繁栄 ____
29. 天国に昇る ____
30. 資金不足 ____

下線部の発音が他の語と異なるものを１つ選びなさい。
① fever ② genius ③ merit ④ theme ____

(6)名詞 『システム英単語〈5訂版〉』p. 173 ～ 177　解答冊子 p. 35

34 Essential Stage No. 991 ～ 1020　／30

1. 下線部には最もよくあてはまる語，また（　　）には適切な前置詞を入れなさい。

1. his (a)________ (　　　　) be a writer　作家になりたいという彼の熱望
2. a deep (a)________ (　　　　) animals　動物への深い愛情
3. a (c)________ (　　　　) President　大統領候補
4. an (o)________ (　　　　) communication　コミュニケーションの障害
5. the (c)________ (　　　　) promote tourism　観光を促進する運動
6. a deep (i)________ (　　　　) life　人生に対する深い洞察
7. the (i)________ (　　　　) the country　その国の住民

2. 指示に合う単語を答えなさい。

8. labor の形容詞形　________

3. 次の単語の意味として適切なものを選択肢の中から１つ選びなさい。

9. philosophy	①運命	②学問	③哲学	____
10. bomb	①攻撃	②破裂	③爆弾	____
11. priority	①計画	②捕虜	③優先	____
12. tribe	①地区	②部族	③文化	____
13. satellite	①衛星	②手段	③障害	____
14. cough	①痛み	②せき	③熱	____
15. insult	①差別	②侮辱	③偏見	____
16. instinct	①衝動	②本能	③欲求	____
17. legend	①教訓	②小説	③伝説	____

4. [　　] にあてはまる適切な単語を選択肢の中から１つ選びなさい。

18. study social [　　　] 社会心理学を研究する

① physics　② physiology　③ psychiatry　④ psychology　____

19. a [　　　] at the hospital　その病院の医者
① physician　② physicist　③ psychiatrist　④ psychologist　＿＿＿＿

20. decide the [　　　] of the world　世界の運命を決定する
① factor　② fate　③ feat　④ force　＿＿＿＿

21. a training [　　　] for pilots　パイロットの訓練計画
① creme　② extreme　③ scheme　④ supreme　＿＿＿＿

22. the [　　　] for the crime　犯罪の動機
① margin　② merge　③ motion　④ motive　＿＿＿＿

5. 次の英語を日本語にしなさい。

23. the International Olympic Committee　＿＿＿＿＿＿＿＿

24. relieve tension　＿＿＿＿＿＿＿＿

25. cut the defense budget　＿＿＿＿＿＿＿＿

6. 次の日本語を英語にしなさい。

26. 天気予報　＿＿＿＿＿＿＿＿

27. 食欲がない　＿＿＿＿＿＿＿＿

28. 喜びと悲しみ　＿＿＿＿＿＿＿＿

29. 化石燃料を燃やす　＿＿＿＿＿＿＿＿

30. ローマ帝国　＿＿＿＿＿＿＿＿

PLUS

最も強く発音する音節の位置が他と異なるものを１つ選びなさい。

(1) ① committee　② disagree　③ examinee　④ guarantee　＿＿＿

(2) ① empire　② instinct 名　③ insult 名　④ insult 動　＿＿＿

⑹名詞 『システム英単語〈5訂版〉』p. 177 ～ 181　解答冊子 p. 36

35 Essential Stage No. 1021～1050　／30

1. 次の各フレーズの下線の語の意味を答えなさい。

1. the treatment of cancer ＿＿＿＿＿＿

2. 下線部に最もよくあてはまる語，また（　　）には適切な前置詞を入れなさい。

2. live in the (s)＿＿＿＿＿＿ of London　ロンドンの郊外に住む
3. study modern (a)＿＿＿＿＿＿　近代建築を学ぶ
4. two (d)＿＿＿＿＿＿ eggs　2ダースの卵
5. have no (o)＿＿＿＿＿＿　選択の自由がない
6. the (m)＿＿＿＿＿＿ of a clock　時計の仕組み
7. pay the bus (f)＿＿＿＿＿＿　バスの運賃を払う
8. a large (p)＿＿＿＿＿＿ (　　　　) your salary　給料の大部分

3. 指示に合う単語を答えなさい。

9. tragedy の反対語 ＿＿＿＿＿＿

4. 次の単語の意味として適切なものを選択肢の中から1つ選びなさい。

10.	harvest	①収穫	②農耕	③平原	＿＿＿
11.	voyage	①航海	②失敗	③発見	＿＿＿
12.	anthropologist	①考古学者	②心理学者	③人類学者	＿＿＿
13.	antibiotic	①抗生物質	②生化学	③生物圏	＿＿＿
14.	curriculum	①教育課程	②教職員	③行事予定	＿＿＿
15.	wheat	①芋	②かぼちゃ	③小麦	＿＿＿
16.	famine	①飢饉	②侵略	③不況	＿＿＿
17.	extinction	①区別	②消費	③絶滅	＿＿＿

5. [　　] にあてはまる適切な単語を選択肢の中から１つ選びなさい。

18. persuade him with [　　　] 彼を論理で説得する
①legacy　②legend　③legislation　④logic　＿＿＿
19. the [　　　] of the cake ケーキの材料
①incidents　②ingredients　③instances　④instruments　＿＿＿
20. test the [　　　] 仮説を検証する
①analysis　②argument　③conception　④hypothesis　＿＿＿
21. the [　　　] of a fashion magazine ファッション雑誌の編集長
①composer　②editor　③employer　④inspector　＿＿＿
22. the [　　　] of the body 人体の構成要素
①characteristics　②components　③composers　④compounds　＿＿＿
23. take money out of the [　　　] 財布からお金を取り出す
①path　②pulse　③purse　④pursuit　＿＿＿
24. English [　　　] music イギリスの民族音楽
①folk　②fork　③hack　④hawk　＿＿＿

6. 次の英語を日本語にしなさい。

25. the southern hemisphere ＿＿＿＿＿＿
26. modern English usage ＿＿＿＿＿＿
27. a sand castle ＿＿＿＿＿＿

7. 次の日本語を英語にしなさい。

28. 愛と情熱 ＿＿＿＿＿＿
29. 借金を返す ＿＿＿＿＿＿
30. 人口爆発 ＿＿＿＿＿＿

PLUS
下線部の発音が他の語と異なるものを１つ選びなさい。
①ar<u>ch</u>itecture　②<u>ch</u>annel　③me<u>ch</u>anism　④s<u>ch</u>eme　＿＿＿

⑹名詞 『システム英単語〈5訂版〉』p. 181 ～ 184　解答冊子 p. 37

36 Essential Stage No. 1051 ～ 1080 ／30

1. 下線部には最もよくあてはまる語，また（　　）には適切な前置詞を入れなさい。

1. Japanese cultural (h)＿＿＿＿＿＿　日本の文化遺産
2. an important (f)＿＿＿＿＿＿ (　　　) success　成功の重要な要因
3. (d)＿＿＿＿＿＿ (　　　) women　女性に対する差別
4. a (p)＿＿＿＿＿＿ in the church　教会の神父
5. go to the (g)＿＿＿＿＿＿ store　食料品店に行く
6. Galileo's (a)＿＿＿＿＿＿　ガリレオの天文学
7. recent research (f)＿＿＿＿＿＿　最近の研究による発見
8. British military (s)＿＿＿＿＿＿　イギリスの軍事戦略

2. それぞれの指示に合う単語を答えなさい。

9. bay の同意語　＿＿＿＿＿＿
10. diversity の同意語　＿＿＿＿＿＿

3. 次の単語の意味として適切なものを選択肢の中から1つ選びなさい。

11. merchant	①商人	②港	③名品	＿＿
12. thumb	①親指	②薬指	③中指	＿＿
13. statue	①像	②範囲	③表現	＿＿
14. pioneer	①継承者	②先駆者	③発見者	＿＿
15. dialect	①隠語	②俗語	③方言	＿＿
16. youngster	①子供	②俳優	③有名人	＿＿
17. opponent	①敵	②犯人	③味方	＿＿

4. [　　] にあてはまる適切な単語を選択肢の中から1つ選びなさい。

18. ancient Greek [　　　]　古代ギリシャの神話

① masses　② messes　③ misses　④ myths　＿＿

19. the small [ ] of everyday life 日常生活の小さな出来事
① incidents ② insistences ③ instruments ④ irrigations ＿＿＿＿
20. the flu [ ] インフルエンザウイルス
① virtue ② virus ③ wheels ④ wills ＿＿＿＿
21. strong family [ ] 家族の強いきずな
① bases ② bombs ③ bonds ④ bullies ＿＿＿＿
22. his [ ] desk 彼の秘書の机
① clerk's ② minister's ③ priest's ④ secretary's ＿＿＿＿
23. a dangerous [ ] 危険な物質
① strength ② substance ③ sustainer ④ sustenance ＿＿＿＿

5. 次の英語を日本語にしなさい。

24. marine organisms ＿＿＿＿
25. the United States Congress ＿＿＿＿
26. personality traits ＿＿＿＿

6. 次の日本語を英語にしなさい。

27. 野生生物を保護する ＿＿＿＿
28. 死刑 ＿＿＿＿
29. 歴史と地理 ＿＿＿＿
30. 彼の心臓と肺 ＿＿＿＿

PLUS

1．下線部の発音が他の語と異なるものを１つ選びなさい。
① bomb ② combine ③ debt ④ thumb ＿＿＿＿

2．左の語の下線部と同じ発音を含むものを選択肢の中から１つ選びなさい。（東洋大）
thumb ① launch ② luxury ③ bullet ④ nuclear ＿＿＿＿

(6)名詞 『システム英単語〈5訂版〉』p. 184 ~ 189　解答冊子 p. 38

37 Essential Stage No. 1081 ~ 1110　／30

1. 下線部に最もよくあてはまる語を入れなさい。

1. the (o)__________ of the race　レースの結果
2. the (f)__________ of fresh fruit　新鮮なフルーツの風味
3. 24-hour (n)__________　24 時間看護
4. have open heart (s)__________　心臓切開手術を受ける
5. greenhouse gas (e)__________　温室効果ガスの排出

2. 次の単語の意味として適切なものを選択肢の中から１つ選びなさい。

6. mammal	①大型生物	②魚介	③哺乳類	____
7. telescope	①探査機	②分光器	③望遠鏡	____
8. particle	①進路	②広がり	③粒子	____
9. suicide	①殺人	②自殺	③犯罪	____
10. dinosaur	①恐竜	②は虫類	③両生類	____
11. molecule	①鑑定	②分子	③分析	____
12. transplant	①移植	②外科	③保護	____
13. cattle	①牛	②城	③馬車	____

3. [　　] にあてはまる適切な単語を選択肢の中から１つ選びなさい。

14. [　　　] camps in Palestine　パレスチナの難民キャンプ
① referee　② referent　③ reform　④ refugee　____
15. a strict dress [　　　]　厳しい服装規則
① caution　② code　③ courtesy　④ precaution　____
16. the natural [　　　] of bears　クマの自然生息地
① habitat　② heredity　③ hierarchy　④ inheritance　____
17. high-[　　　] food　高タンパク質の食べ物
① carbohydrate　② mineral　③ obesity　④ protein　____
18. enough sleep and [　　　]　十分な睡眠と栄養
① nuisance　② nursing　③ nurture　④ nutrition　____

19. the smell of [　　　]　汗の臭い
① sway　② sweat　③ sweep　④ sweet　＿＿

20. many [　　　] of birds　多くの種の鳥
① shapes　② societies　③ spaces　④ species　＿＿

21. the [　　　] of my finger　私の指の先
① tap　② tape　③ tip　④ top　＿＿

22. high population [　　　]　高い人口密度
① density　② destiny　③ dignity　④ diversity　＿＿

4. 次の英語を日本語にしなさい。

23. a religious ritual　＿＿＿＿＿＿＿＿

24. conservation groups　＿＿＿＿＿＿＿＿

25. the New York City Council　＿＿＿＿＿＿＿＿

26. monkeys and apes　＿＿＿＿＿＿＿＿

5. 次の日本語を英語にしなさい。

27. 学校のいじめ　＿＿＿＿＿＿＿＿

28. 年齢と性別　＿＿＿＿＿＿＿＿

29. 技術革新　＿＿＿＿＿＿＿＿

30. 自然災害に備える　＿＿＿＿＿＿＿＿

PLUS

1．左の語の下線部と同じ発音を含むものを選択肢の中から１つ選びなさい。
species　① especially　② special　③ creature　④ create　＿＿

2．下線部の発音が他の語と異なるものを１つ選びなさい。
① breathe　② cease　③ creature　④ sweat　＿＿

3．No one could predict the (　　　) of the London marathon.　(立命館大)
① landlord　② liquid　③ outcome　④ timber　＿＿

⑹名詞〜⑺形容詞 『システム英単語〈5訂版〉』p. 189 〜 193 解答冊子 p. 39

38 Essential Stage No. 1111〜1140 ／30

1. 次の各フレーズの下線の語の意味を答えなさい。

1. the concept of time ＿＿＿＿
2. the widespread use of cell phones ＿＿＿＿

2. 下線部には最もよくあてはまる語，また（ ）には適切な前置詞を入れなさい。

3. a worker (l)＿＿＿＿ (　　　) the company 会社に忠実な労働者
4. be (i)＿＿＿＿ (　　　) the world 世界から孤立している
5. make (v)＿＿＿＿ progress 目に見える進歩をとげる
6. I'm (a)＿＿＿＿ (　　　) myself. 自分が恥ずかしい

3. それぞれの指示に合う単語を答えなさい。

7. reluctant の同意語 ＿＿＿＿
8. rural の反対語 ＿＿＿＿
9. adequate の反対語 ＿＿＿＿
10. abstract の反対語 ＿＿＿＿

4. 次の単語の意味として適切なものを選択肢の中から1つ選びなさい。

11.	generous	①一般的な	②遺伝の	③気前のよい	＿＿
12.	vague	①強烈な	②漠然とした	③明確な	＿＿
13.	vast	①広大な	②不毛の	③無人の	＿＿
14.	remote	①近郊の	②郊外の	③へんぴな	＿＿
15.	silly	①おもしろい	②知的な	③ばかな	＿＿
16.	odd	①おかしな	②孤立した	③社交的な	＿＿
17.	excessive	①過度の	②高価な	③習慣的な	＿＿
18.	inevitable	①忌まわしい	②避けられない	③予想できない	＿＿

5. [　　] にあてはまる適切な単語を選択肢の中から１つ選びなさい。

19. [　　　] species of birds　たくさんの種の鳥
① neutral　② notorious　③ nuisance　④ numerous　＿＿＿
20. need [　　　] action　緊急の行動を必要とする
① upright　② urban　③ urgent　④ utmost　＿＿＿
21. a man of [　　　] talent　並はずれた才能の持ち主
① eternal　② exact　③ exquisite　④ extraordinary　＿＿＿
22. a [　　　] amount of energy　とてつもない量のエネルギー
① terrible　② thrilling　③ trembling　④ tremendous　＿＿＿

6. 次の英語を日本語にしなさい。

23. precious jewels　＿＿＿＿＿＿
24. a striking contrast　＿＿＿＿＿＿
25. mutual understanding　＿＿＿＿＿＿

7. 次の日本語を英語にしなさい。

26. 君は青白い顔をしている。　＿＿＿＿＿＿
27. 熱帯雨林　＿＿＿＿＿＿
28. 複雑な問題　＿＿＿＿＿＿
29. 生の肉を食べる　＿＿＿＿＿＿
30. 純金　＿＿＿＿＿＿

PLUS

1．(　　) に入れるのに最も適当なものを１つ選びなさい。

(1) Jane seems quite (　　　) of her bad behavior.（鎌倉女子大）
① shame　② ashame　③ shameful　④ ashamed　＿＿＿

(2) Considering the careless way he rode his bicycle, it was (　　　) that he would have an accident.（立命館大）
① impossible　② inaccurate　③ inevitable　④ unclear　＿＿＿

2．アクセントの位置が他と異なるものを１つ選びなさい。

① complicated　② concentrated　③ agriculture　④ manufacture　＿＿＿

(7)形容詞 『システム英単語〈5訂版〉』p. 193 ~ 197 解答冊子 p. 40

39 Essential Stage No. 1141 ~ 1170 ／30

1. 下線部には最もよくあてはまる語，また（ ）には適切な前置詞を入れなさい。

1. be (i)________ (　　　) politics 政治に無関心だ
2. (m)________ work 手を使う仕事
3. have (f)________ thinking 柔軟な考えを持っている
4. I'm (g)________ (　　　) your help. 君の助けに感謝している
5. an (a)________ supply of food 豊富な食料供給
6. a (s)________ attitude 利己的な態度
7. (r)________ differences 人種の違い

2. それぞれの指示に合う単語を答えなさい。

8. rational の反対語 ________
9. initial の動詞形 ________
10. optimistic の反対語 ________

3. 次の単語の意味として適切なものを選択肢の中から１つ選びなさい。

11.	stable	①安定した	②一時的な	③緊急の	____
12.	aggressive	①攻撃的な	②進歩した	③同意見の	____
13.	shy	①内気な	②綺麗な	③やさしい	____
14.	brave	①簡潔な	②強力な	③勇敢な	____
15.	immune	①循環の	②生殖の	③免疫の	____
16.	linguistic	①運動の	②言語の	③知的な	____
17.	overwhelming	①圧倒的な	②迫り来る	③わずかな	____
18.	prominent	①功績ある	②進歩的な	③有名な	____

4. [ ] にあてはまる適切な単語を選択肢の中から１つ選びなさい。

19. the [　　　] goal 究極の目標
① ultimate　② upright　③ utmost　④ utter ____

20. a [　　　] difference　微妙な違い
① kettle　② nestle　③ rattle　④ subtle　＿＿

21. feel [　　　] pressure　強烈なプレッシャーを感じる
① ingenious　② integral　③ intense　④ intimate　＿＿

22. [　　　] treatment of animals　動物に対する残酷な扱い
① chronic　② cruel　③ greedy　④ guilty　＿＿

23. play a [　　　] role　重大な役割を果たす
① chronic　② comprehensive　③ consistent　④ crucial　＿＿

24. a [　　　] conversation　生き生きとした会話
① livable　② live　③ lively　④ livery　＿＿

5. 次の英語を日本語にしなさい。

25. a profound meaning　＿＿＿＿＿＿＿＿

26. the Conservative Party　＿＿＿＿＿＿＿＿

27. verbal communication　＿＿＿＿＿＿＿＿

28. an ugly duckling　＿＿＿＿＿＿＿＿

6. 次の日本語を英語にしなさい。

29. 太陽エネルギー　＿＿＿＿＿＿＿＿

30. ワインのようなアルコール飲料　＿＿＿＿＿＿＿＿

PLUS

(1) I am (　　　) to him for his help.　(広島女学院大)
① due　② equal　③ grateful　④ known　＿＿

(2) Tony seemed (　　　) to my idea.　(慶應義塾大)
① bent　② indifferent　③ same　④ similar　＿＿

(7)形容詞～(8)副詞 『システム英単語〈5訂版〉』p. 197～202　解答冊子 p. 41

40 Essential Stage No. 1171～1200　／30

1. 次の各フレーズの下線の語の意味を答えなさい。

1. children's cognitive abilities　＿＿＿＿
2. It's absolutely necessary.　＿＿＿＿

2. 下線部には最もよくあてはまる語，また（　）には適切な前置詞を入れなさい。

3. a (r)＿＿＿＿ choice　無作為な選択
4. the period (p)＿＿＿＿ (　　　) the war　戦争より前の時代
5. be (f)＿＿＿＿ (　　　) English　英語が流ちょうだ
6. protect the (e)＿＿＿＿ system　生態系を保護する
7. (v)＿＿＿＿ every woman　ほとんどすべての女性
8. There's (l)＿＿＿＿ nothing there.　そこには文字通り何もない
9. (r)＿＿＿＿ (　　　) age　年齢に関係なく

3. それぞれの指示に合う単語を答えなさい。

10. up-to-date の反対語　＿＿＿＿
11. moderate の反対語（2つ答えなさい）　(e)＿＿＿＿，(e)＿＿＿＿

4. 次の単語の意味として適切なものを選択肢の中から1つ選びなさい。

12.	imaginary	①映像の	②架空の	③創造性のある	＿＿
13.	adolescent	①思春期の	②成人の	③幼児期の	＿＿
14.	deaf	①口がきけない	②耳が聞こえない	③目が見えない	＿＿
15.	merely	①単に	②まったく	③わずかに	＿＿
16.	thoroughly	①一時的に	②徹底的に	③ゆっくりと	＿＿

5. [　　] にあてはまる適切な単語を選択肢の中から1つ選びなさい。

17. a [　　　] social issue　論議を呼ぶ社会問題
① clumsy　② comprehensive　③ confident　④ controversial　＿＿

18. a [　　　] error　ばかげたまちがい
①pious　②populous　③ridiculous　④zealous　______

19. the [　　　] realities of life　厳しい人生の現実
①handicapped　②harsh　③helpless　④hence　______

20. an [　　　] story　信じられない話
①incredible　②indigenous　③inevitable　④isolated　______

21. a [　　　] castle　中世の城
①medical　②medieval　③medium　④merchant　______

22. without the [　　　] doubt　少しの疑いもなく
①massive　②plenty　③slightest　④sufficient　______

23. [　　　] better than last year　去年より多少よい
①meanwhile　②somehow　③somewhat　④somewhere　______

24. a [　　　] impossible task　一見不可能な仕事
①seemingly　②sightly　③simultaneously　④slightly　______

6. 次の英語を日本語にしなさい。

25. the Federal Government　______
26. liberal politics　______
27. an elaborate system　______
28. radical changes　______
29. be ignorant of the fact　______

7. 次の日本語を英語にしなさい。

30. 酸性雨　______

PLUS

(1) I sometimes feel I have become less (　　　) as I grow older.（立正大）
①imaginary　②imaginative　③image　④imaginable　⑤imagine　____

(2) That old woman was barely (　　　) but was a highly competent story teller.
①literal　②literate　③literary　④linguistic（昭和女子大）____

⑴動詞 『システム英単語〈5訂版〉』p. 206 ～ 211　解答冊子 p. 42

41 Advanced Stage No. 1201～1230 ／30

1. 次の各フレーズの下線の語の意味を答えなさい。

1. The president will resign soon. ＿＿＿＿
2. a thriving economy ＿＿＿＿
3. Trees shed their leaves. ＿＿＿＿
4. dissolve sugar in water ＿＿＿＿
5. a designated smoking area ＿＿＿＿

2. 下線部には最もよくあてはまる語，また（　）には適切な前置詞を入れなさい。

6. (s)＿＿＿＿ (　　) authority　権威に服従する
7. (c)＿＿＿＿ (　　) the rules　ルールに従う
8. be (c)＿＿＿＿ (　　) a small room　小さな部屋に閉じ込められる
9. I am (d)＿＿＿＿ (　　) my work.　私は仕事に身をささげている
10. (c)＿＿＿＿ you (　　) your success　君の成功を祝福する

3. それぞれの指示に合う単語・熟語を答えなさい。

11. assemble の同意熟語（２つ答えなさい）
    (p)＿＿＿＿ ＿＿＿＿，(g)＿＿＿＿ ＿＿＿＿
12. surrender の同意熟語 ＿＿＿＿ ＿＿＿＿
13. violate の名詞形 ＿＿＿＿

4. 次の単語の意味として適切なものを選択肢の中から１つ選びなさい。

14.	reproduce	①を聞き取る	②を再生する	③を録音する	＿＿
15.	swell	①を浮き上がる	②ふくらむ	③舞う	＿＿
16.	bind	①を支える	②を縛る	③を促進する	＿＿
17.	steer	①を回転させる	②を操縦する	③を追跡する	＿＿

5. [　　] にあてはまる適切な単語を選択肢の中から１つ選びなさい。

18. be [　　　] to call her　彼女に電話をかけたくなる
① dedicated　② supposed　③ tempted　④ triggered　＿＿＿
19. [　　　] peace　平和を主張する
① advocate　② assist　③ attain　④ constitute　＿＿＿
20. [　　　] a reaction　反応を引き起こす
① invoke　② poke　③ provoke　④ revoke　＿＿＿
21. The market [　　　] prices.　市場が価格を決める
① demonstrates　② describes　③ dictates　④ discharges　＿＿＿
22. [　　　] the secret plan　秘密の計画を実行する
① implement　② infer　③ intervene　④ invent　＿＿＿
23. He is [　　　] innocent.　彼は無罪だと推定される
① consumed　② presumed　③ resumed　④ subsumed　＿＿＿

6. 次の英語を日本語にしなさい。

24. acknowledge that a problem exists　＿＿＿＿＿＿＿＿

7. 次の日本語を英語にしなさい。

25. 天然資源を開発する　＿＿＿＿＿＿＿＿
26. 長く曲がりくねった道　＿＿＿＿＿＿＿＿
27. ２つの例を引き合いに出す　＿＿＿＿＿＿＿＿
28. 食べ物を消化する　＿＿＿＿＿＿＿＿
29. 昼食を抜く　＿＿＿＿＿＿＿＿
30. 新しいスタッフを入れる　＿＿＿＿＿＿＿＿

PLUS

次の文について下の問いに答えなさい。　（早稲田大）

Your paper must be handed in in its final form on Monday.

Q：What must you do on Monday?

① correct your paper　② revise your paper
③ submit your paper　④ look over your paper　＿＿

⑴動詞 『システム英単語〈5訂版〉』p. 211 ～ 216　解答冊子 p. 43

42 Advanced Stage No. 1231 ～ 1260　／30

1. 次の各フレーズの下線の語の意味を答えなさい。

1. enforce the new law ＿＿＿＿
2. a devastating effect on nature ＿＿＿＿
3. live in an enclosed space ＿＿＿＿
4. sigh deeply ＿＿＿＿
5. the ability to comprehend language ＿＿＿＿

2. 下線部には最もよくあてはまる語，また（　）には適切な前置詞を入れなさい。

6. His birthday (c)＿＿＿＿ (　　　) mine.　彼の誕生日は私のと重なる
7. (i)＿＿＿＿ (　　　) bad habits　悪い習慣にふける
8. (p)＿＿＿＿ (　　　) the water　水に突っ込む
9. The ball (b)＿＿＿＿ back.　ボールがはね返る
10. (p)＿＿＿＿ medicine　薬を処方する
11. (o)＿＿＿＿ small nations　小国をしいたげる

3. それぞれの指示に合う単語を答えなさい。

12. contradict の形容詞形 ＿＿＿＿
13. prevail の形容詞形 ＿＿＿＿
14. compel の同意語（2つ答えなさい）　(f)＿＿＿＿，(o)＿＿＿＿

4. 次の単語の意味として適切なものを選択肢の中から1つ選びなさい。

15. shrink　①金切り声を上げる　②縮む　③伸びる　＿＿
16. penetrate　①潜伏する　②逃げる　③入り込む　＿＿
17. illuminate　①を探る　②を照らす　③を見失う　＿＿
18. trigger　①から逃れる　②に反対する　③のきっかけになる　＿＿
19. utilize　①を引用する　②を断ち切る　③を利用する　＿＿
20. snap　①倒れる　②ポキンと折れる　③揺れる　＿＿

21. leak ①浮かぶ ②燃える ③漏れる ______

5. [ ] にあてはまる適切な単語を選択肢の中から１つ選びなさい。

22. people [ ] by war 戦争で国を追われた人々
① delayed ② deprived ③ displaced ④ dreaded ______
23. The group [ ] ten members. そのグループは 10 人から構成される
① competes ② comprises ③ contends ④ contradicts ______
24. [ ] deep sleep 深い眠りを誘う
① indicate ② induce ③ intervene ④ intrude ______
25. [ ] blood and organs 血液や臓器を提供する
① despise ② dismiss ③ dispose ④ donate ______
26. a newly [ ] chick かえったばかりのヒヨコ
① hatched ② healed ③ held ④ hopped ______
27. be [ ] by the pressure プレッシャーに押しつぶされる
① comprehended ② crushed ③ grabbed ④ grasped ______

6. 次の日本語を英語にしなさい。

28. 親友を裏切る ______
29. 夢を胸に抱く ______
30. 千葉から東京に通勤する ______

PLUS

1. ( ) に入れるのに最も適当なものを１つ選びなさい。 (京都産業大)

Ken：Where do you study?
Susan：At the International University.
Ken：Is that right? I'm at the International University too.
Susan：( )!
① What a chance ② How accidental
③ How unfortunate ④ What a coincidence ______

2. 次の文の意味を日本語で表しなさい。 (東京理科大)

We knew he wasn't an American as his accent betrayed him.

⑴動詞～⑵名詞 『システム英単語〈5訂版〉』p. 216 ～ 222 解答冊子 p. 44

43 Advanced Stage No. 1261 ～ 1290 ／30

1. 次の各フレーズの下線の語の意味を答えなさい。

1. stir emotions ＿＿＿＿
2. feel a great rage ＿＿＿＿

2. 下線部には最も よくあてはまる語，また（ ）には適切な前置詞を入れなさい。

3. (c)＿＿＿＿ (　　) life (　　) a game 人生をゲームと考える
4. (c)＿＿＿＿ (　　) the loss 損失を埋め合わせる
5. proceed (　　) (c)＿＿＿＿ 慎重に進む
6. a mathematical (f)＿＿＿＿ 数式
7. make a small (c)＿＿＿＿ 小さな妥協をする

3. それぞれの指示に合う単語を答えなさい。

8. persist の形容詞形 ＿＿＿＿
9. multiply の名詞形 ＿＿＿＿
10. suspend の名詞形 ＿＿＿＿

4. 次の単語の意味として適切なものを選択肢の中から１つ選びなさい。

11.	negotiate	①受け入れる	②交渉する	③願う	＿＿
12.	mount	①をかける	②を供給する	③をすえつける	＿＿
13.	retreat	①退く	②進む	③保つ	＿＿
14.	startle	①を驚かせる	②を予想できる	③を喜ばせる	＿＿
15.	sphere	①許可	②状況	③領域	＿＿
16.	deposit	①債権	②負債	③預金	＿＿
17.	norm	①慣習	②規範	③普遍	＿＿
18.	supervisor	①監督者	②大臣	③独裁者	＿＿
19.	paradox	①逆説	②高説	③説話	＿＿

5. [　] にあてはまる適切な単語を選択肢の中から１つ選びなさい。

20. [　　　] a towel in hot water　湯にタオルを浸す
① scorn　② soak　③ sore　④ sow　＿＿＿
21. [　　　] techniques　技術に磨きをかける
① confine　② define　③ infinite　④ refine　＿＿＿
22. [　　　] her curiosity　彼女の好奇心をかきたてる
① annoy　② arouse　③ assume　④ consume　＿＿＿
23. Speech [　　　] writing.　話し言葉は書き言葉に先行する
① precedes　② prevails　③ proceeds　④ proclaims　＿＿＿
24. [　　　] water undrinkable　水を飲めなくする
① gender　② lender　③ render　④ tender　＿＿＿
25. No one [　　　] to tell the truth.　真実を話す勇気がある人はいない
① dares　② deceives　③ despairs　④ dreads　＿＿＿
26. a [　　　] of events　一連の事件
① consequence　② frequence　③ sequence　④ subsequence　＿＿＿
27. an opinion [　　　]　世論調査
① poll　② roll　③ stroll　④ toll　＿＿＿
28. the [　　　] of the movie　その映画の筋
① knot　② plot　③ riot　④ rot　＿＿＿
29. beyond the [　　　] of science　科学の範囲を越えて
① scoop　② scope　③ slope　④ snob　＿＿＿

6. 次の日本語を英語にしなさい。

30. 反感を持って彼らを見る　＿＿＿＿＿＿＿＿

⑵名詞 『システム英単語〈5訂版〉』p. 222 ~ 227 解答冊子 p. 45

44 Advanced Stage No. 1291 ~ 1320 ／30

1. 次の各フレーズの下線の語の意味を答えなさい。

1. nerve tissue ＿＿＿＿
2. a new peace initiative ＿＿＿＿
3. the social fabric of Japan ＿＿＿＿
4. reach the summit ＿＿＿＿
5. America and its allies ＿＿＿＿
6. the major premise ＿＿＿＿
7. gene therapy ＿＿＿＿
8. the blessings of nature ＿＿＿＿

2. 下線部には最もよくあてはまる語，また（　）には適切な前置詞を入れなさい。

9. write a letter (　　) (h)＿＿＿＿ あわてて手紙を書く
10. a positive (o)＿＿＿＿ (　　) life 人生に対する肯定的な考え方

3. 指示に合う単語を答えなさい。

11. spectacle の形容詞形 ＿＿＿＿

4. 次の単語の意味として適切なものを選択肢の中から１つ選びなさい。

12.	breakdown	①危機	②減少	③崩壊	＿＿
13.	publicity	①宣伝	②配布	③編集	＿＿
14.	plague	①疫病	②発見	③問題	＿＿
15.	asset	①株券	②貴重品	③財産	＿＿
16.	reception	①言葉	②態度	③もてなし	＿＿
17.	sensation	①音	②感覚	③錯覚	＿＿
18.	mercy	①慈悲	②戦災	③大義	＿＿
19.	session	①期間	②不景気	③部分	＿＿

5. [　　] にあてはまる適切な単語を選択肢の中から１つ選びなさい。

20. a [　　　] of white sheep　白いヒツジの群れ
① flake　② flock　③ folk　④ freak　＿＿＿
21. the first [　　　] of his novel　彼の小説の最初の草稿
① division　② draft　③ drift　④ dust　＿＿＿
22. organic [　　　]　有機化合物
① complexes　② components　③ compositions　④ compounds　＿＿＿
23. the worst economic [　　　]　最悪の不況
① concession　② precession　③ recession　④ succession　＿＿＿
24. every field of human [　　　]　人間活動のあらゆる分野
① endeavor　② equation　③ estate　④ excursion　＿＿＿
25. Chinese children work harder than their Japanese [　　　].
中国の子供は日本の子供よりよく勉強する
① contracts　② corporations　③ corruptions　④ counterparts　＿＿＿

6. 次の日本語を英語にしなさい。

26. 午後にうたた寝をする　＿＿＿＿＿＿＿＿
27. 時差ぼけで苦しむ　＿＿＿＿＿＿＿＿
28. 北極　＿＿＿＿＿＿＿＿
29. 広範囲の関心事　＿＿＿＿＿＿＿＿
30. ジャンクフードを避ける　＿＿＿＿＿＿＿＿

PLUS

1. (　　) に入る英語のことわざに基づいた語句を１つ選びなさい。　(近畿大)
More often than not, '(　　　) do fly together'.
① friends in need　② early risers
③ birds of a feather　④ Jack of all trades　＿＿＿
2. The ship was (　　　) the mercy of the wind and the waves.　(福岡大)
① to　② at　③ of　④ from　＿＿＿

⑵名詞〜⑷動詞 『システム英単語〈5訂版〉』p. 227 〜 233 解答冊子 p. 46

45 Advanced Stage No. 1321〜1350 ／30

1. 次の各フレーズの下線の語の意味を答えなさい。

1. a humble attitude ＿＿＿＿
2. see a faint light ＿＿＿＿
3. crude stone tools ＿＿＿＿
4. anticipate the future ＿＿＿＿
5. accumulate knowledge ＿＿＿＿
6. revise the guidelines ＿＿＿＿

2. 下線部には最もよくあてはまる語，また（ ）には適切な前置詞を入れなさい。

7. be (a)＿＿＿＿ ( ) forget names 名前を忘れやすい
8. be (e)＿＿＿＿ ( ) the money そのお金をもらう権利がある
9. be (j)＿＿＿＿ ( ) his success 彼の成功をねたむ
10. a (s)＿＿＿＿ father 頑固な父親
11. (d)＿＿＿＿ ( ) garbage ゴミを処分する

3. それぞれの指示に合う単語を答えなさい。

12. liable の同意語（2つ答えなさい） (l)＿＿＿＿，(a)＿＿＿＿
13. marvelous の動詞形 ＿＿＿＿

4. 次の単語の意味として適切なものを選択肢の中から1つ選びなさい。

14.	worship	①軽蔑	②支配	③崇拝	＿＿
15.	valid	①様々な	②妥当な	③不正な	＿＿
16.	stiff	①堅い	②進歩的な	③柔軟な	＿＿
17.	fierce	①恐れた	②激しい	③不利な	＿＿
18.	pregnant	①悩んでいる	②妊娠している	③働いている	＿＿
19.	misleading	①誤った	②誤解を招く	③わかりにくい	＿＿

20. synthetic ①合成の ②無機の ③有機の ______
21. rub ①を奪う ②をこする ③を濡らす ______
22. boost ①を活気づける ②を混乱させる ③を自慢する ______
23. drag ①を埋める ②をころがす ③を引きずる ______

5. [ ] にあてはまる適切な単語を選択肢の中から１つ選びなさい。

24. for some [ ] reason はっきりとわからない理由で
① obscure ② observant ③ obsessed ④ obsolete ______
25. the most [ ] problem 最も深刻な問題
① accurate ② acute ③ afflicted ④ apparent ______
26. sit [ ] all day 何もせず一日座っている
① alert ② aware ③ idle ④ isolated ______
27. make a [ ] living まともな暮らしをする
① decent ② desirable ③ desperate ④ diligent ______
28. [ ] music クラシック音楽
① classic ② classical ③ classified ④ classy ______
29. in the [ ] world イスラム世界で
① Medieval ② Mediterranean ③ Multiple ④ Muslim ______

6. 次の日本語を英語にしなさい。

30. タバコを吸うのを控える ______

1 Fundamental
2 Essential
3 Advanced
4 Final
5 多義語

PLUS

下線部の意味に最も近いものを１つ選びなさい。 (摂南大学)

Most people who purchased drinks from machines did not dispose of their cans or bottles properly.

① bring back ② care about ③ get rid of ④ pay attention to ______

⑷動詞 『システム英単語〈5訂版〉』p. 233～236　解答冊子 p. 47

46 Advanced Stage No. 1351～1380　／30

1. 次の各フレーズの下線の語の意味を答えなさい。

1. roar like a lion ＿＿＿＿
2. portray natural beauty ＿＿＿＿
3. accelerate the process of reform ＿＿＿＿
4. weep all night long ＿＿＿＿
5. restrain inflation ＿＿＿＿
6. yell at the children ＿＿＿＿

2. 下線部には最もよくあてはまる語，また（　）には適切な前置詞を入れなさい。

7. (c)＿＿＿＿ the fact (　　) him　彼に事実を隠す
8. Art (e)＿＿＿＿ our lives.　芸術は人生を豊かにする
9. (c)＿＿＿＿ (　　) tradition　伝統に固執する
10. (d)＿＿＿＿ water (　　) the tank　タンクから水を排出する
11. (d)＿＿＿＿ anger with a smile　笑顔で怒りを隠す
12. (i)＿＿＿＿ immigrants (　　) society　社会に移民を融けこませる

3. それぞれの指示に合う単語を答えなさい。

13. surpass の同意語 ＿＿＿＿
14. crawl の同意語 ＿＿＿＿

4. 次の単語の意味として適切なものを選択肢の中から１つ選びなさい。

15. dread　①を恐れる　②をおどす　③をためらう ＿＿
16. soar　①安定する　②下降する　③急上昇する ＿＿
17. migrate　①憧れる　②移住する　③飛行する ＿＿
18. exclaim　①苦情を言う　②叫ぶ　③目を覚ます ＿＿
19. dwell　①隠れる　②住む　③低下する ＿＿

5. [　　] にあてはまる適切な単語を選択肢の中から１つ選びなさい。

20. [　　　] the key into the hole　穴にかぎを差し込む
① impair　② impose　③ insert　④ insist　＿＿＿
21. patients [　　　] a heart transplant　心臓移植を待つ患者
① anticipating　② attributing　③ awaiting　④ awaking　＿＿＿
22. [　　　] anger　怒りを抑える
① supplement　② suppress　③ supreme　④ surpass　＿＿＿
23. [　　　] in the dark　暗闇でボーッと光る
① glance　② glow　③ grieve　④ groan　＿＿＿
24. [　　　] a strong influence　強い影響を及ぼす
① execute　② exert　③ exit　④ expose　＿＿＿
25. [　　　] the patient　患者を安心させる
① assure　② ensure　③ insure　④ reassure　＿＿＿
26. [　　　] being called foreigners　外国人と呼ばれるのに腹を立てる
① ascent　② consent　③ descent　④ resent　＿＿＿

6. 次の日本語を英語にしなさい。

27. 君の背中をかく　＿＿＿＿＿＿＿＿
28. 聖書を引用する　＿＿＿＿＿＿＿＿
29. バラの花が咲く頃　＿＿＿＿＿＿＿＿
30. 学生の能力を評価する　＿＿＿＿＿＿＿＿

PLUS

下線部の意味に最も近いものを１つ選びなさい。　（東京理科大）

In the rapidly shrinking forests of Madagascar, one such species clings to existence.

① ceases to breathe　② comes into being
③ disappears gradually　④ fights for survival　＿＿＿

⑷動詞　『システム英単語〈5訂版〉』p. 236 ～ 239　解答冊子 p. 48

47 Advanced Stage No. 1381 ～ 1410　／30

1. 次の各フレーズの下線の語の意味を答えなさい。

1. halt global warming ＿＿＿＿
2. disrupt their lives ＿＿＿＿
3. overtake Japan in PC sales ＿＿＿＿
4. manipulate a computer ＿＿＿＿
5. speculate about the future ＿＿＿＿

2. 下線部には最もよくあてはまる語，また（　　）には適切な前置詞を入れなさい。

6. (i)＿＿＿＿ the car (　　　) defects　欠陥がないか車を検査する
7. can be (i)＿＿＿＿ (　　　) the passage　文章から推量することができる
8. (d)＿＿＿＿ him (　　　) a hero　英雄として彼を描く
9. (e)＿＿＿＿ (　　　) medical school　医学部に入学する

3. それぞれの指示に合う単語・熟語を答えなさい。

10. omit の同意熟語 ＿＿＿＿ ＿＿＿＿
11. revive の名詞形 ＿＿＿＿
12. nourish の名詞形 ＿＿＿＿

4. 次の単語の意味として適切なものを選択肢の中から１つ選びなさい。

13. carve	①を消す	②を彫る	③を抑制する	＿＿＿＿
14. contemplate	①を考える	②を協議する	③を軽べつする	＿＿＿＿
15. rotate	①移動する	②回転する	③調べる	＿＿＿＿
16. navigate	①明かりを照らす	②占いをする	③進路を決める	＿＿＿＿
17. ache	①痛む	②折れる	③疲れる	＿＿＿＿
18. incorporate	①を整備する	②を投資する	③を取り入れる	＿＿＿＿
19. supplement	①を補う	②を摂取する	③を抜く	＿＿＿＿

20. nurture　①を育てる　②を導入する　③を予見させる　＿＿＿＿

5. [　] にあてはまる適切な単語を選択肢の中から１つ選びなさい。

21. [　　] environmental problems　環境問題に取り組む
① pickle　② tackle　③ tickle　④ wrinkle　＿＿＿＿

22. [　　] food well　食べ物をよくかむ
① chat　② cheat　③ cherish　④ chew　＿＿＿＿

23. [　　] normal activities　ふだんの活動を再開する
① assume　② consume　③ presume　④ resume　＿＿＿＿

24. [　　] plastic products　プラスチック製品を作る
① bold　② fold　③ mold　④ scold　＿＿＿＿

25. can [　　] 800 people　800 人を収容できる
① accommodate　② anticipate　③ assemble　④ assign　＿＿＿＿

26. [　　] old ideas　古い考えを捨てる
① decline　② despise　③ discard　④ drain　＿＿＿＿

27. [　　] attention from the problem　問題から注意をそらす
① defy　② designate　③ devastate　④ distract　＿＿＿＿

28. [　　] his secret　彼の秘密を暴露する
① deserve　② disclose　③ displace　④ disregard　＿＿＿＿

6. 次の日本語を英語にしなさい。

29. データを消す　＿＿＿＿＿＿＿＿

30. オレンジをしぼる　＿＿＿＿＿＿＿＿

(4)動詞 『システム英単語〈5訂版〉』p. 240～243 解答冊子 p. 49

48 Advanced Stage No. 1411～1440 ／30

1. 次の各フレーズの下線の語の意味を答えなさい。

1. execute the murderer ＿＿＿＿
2. uncover new evidence ＿＿＿＿
3. seize the opportunity ＿＿＿＿
4. utter a word ＿＿＿＿
5. drift like a cloud ＿＿＿＿
6. weave cotton cloth ＿＿＿＿
7. install solar panels on the roof ＿＿＿＿
8. disregard safety rules ＿＿＿＿

2. 下線部には最もよくあてはまる語，また（　）には適切な前置詞を入れなさい。

9. (s)＿＿＿＿ my son (　　　) being lazy　怠けたことで息子をしかる
10. (f)＿＿＿＿ (　　　) free countries　自由な国に逃げる
11. (b)＿＿＿＿ (　　　) someone　人にぶつかる
12. (b)＿＿＿＿ (　　　) being rich　金持ちなのを自慢する

3. それぞれの指示に合う単語・熟語を答えなさい。

13. abolish の同意熟語 ＿＿ ＿＿ ＿＿
14. offend の名詞形 ＿＿＿＿
15. postpone の同意熟語 ＿＿ ＿＿
16. despise の同意熟語 ＿＿ ＿＿ ＿＿

4. 次の単語の意味として適切なものを選択肢の中から１つ選びなさい。

17. twist　①を折りたたむ　②をねじ曲げる　③をのばす ＿＿
18. reinforce　①を疑う　②を強める　③を持つ ＿＿
19. yawn　①あくびをする　②居眠りをする　③横になる ＿＿

5. [ ] にあてはまる適切な単語を選択肢の中から１つ選びなさい。

20. [ ] life　寿命を延ばす
① object　② oblong　③ project　④ prolong　＿＿＿

21. [ ] the goal　目標を達成する
① afford　② approve　③ assert　④ attain　＿＿＿

22. [ ] that I did it　私がやったと告白する
① commit　② confess　③ emit　④ exert　＿＿＿

23. [ ] DNA from blood　血液から DNA を取り出す
① execute　② exist　③ expel　④ extract　＿＿＿

24. [ ] pain　苦痛を我慢する
① tolerate　② torment　③ tortoise　④ torture　＿＿＿

25. The European economy is [ ].　ヨーロッパ経済は栄えている
① fascinating　② floating　③ flooding　④ flourishing　＿＿＿

26. [ ] to survive　生き残るために努力する
① starve　② strain　③ strike　④ strive　＿＿＿

27. [ ] movements with each other　互いに動きを合わせる
① compensate　② confine　③ conform　④ coordinate　＿＿＿

6. 次の日本語を英語にしなさい。

28. 恐怖でふるえる　＿＿＿

29. 私をからかうな　＿＿＿

30. 彼を抱きしめキスする　＿＿＿

PLUS

1．(　) に入れるのに最も適切なものを１つ選びなさい。　(慶應義塾大)
To a large extent slavery was (　) in the last century.
① diminished　② destroyed　③ expired　④ abolished　＿＿

2．下線部の意味に最も近いものを１つ選びなさい。　(帝京大)
Never put off till tomorrow what you can do today.
① provide　② poster　③ postpone　④ prefer　＿＿

3．(　) に入れるのに最も適当なものを１つ選びなさい。(立命館大)
A stranger seized (　) wrist.
① by her　② her by the　③ her in the　④ on her　＿＿

⑷動詞～⑸名詞 『システム英単語〈5訂版〉』p. 243 ～ 249 解答冊子 p. 50

49 Advanced Stage No. 1441 ～ 1470 ／30

1. 次の各フレーズの下線の語の意味を答えなさい。

1. mental fatigue ＿＿＿＿
2. give up in despair ＿＿＿＿
3. feel an impulse to shout ＿＿＿＿
4. debris from an explosion ＿＿＿＿
5. Beauty and the Beast ＿＿＿＿
6. believe a foolish superstition ＿＿＿＿
7. reduce salt intake ＿＿＿＿
8. a log cabin ＿＿＿＿

2. 下線部には最もよくあてはまる語，また（　　）には適切な前置詞を入れなさい。

9. (c)＿＿＿＿ global warming　地球温暖化と戦う
10. (　　　) (i)＿＿＿＿ of ten minutes　10 分の間隔で
11. (　　　) (b)＿＿＿＿ (　　　) the class　クラスを代表して
12. reach (c)＿＿＿＿ (　　　) the issue　その問題で合意に達する

3. それぞれの指示に合う単語を答えなさい。

13. fame の形容詞形 ＿＿＿＿
14. luggage の同意語 ＿＿＿＿
15. misery の形容詞形 ＿＿＿＿

4. 次の単語の意味として適切なものを選択肢の中から１つ選びなさい。

16. feast　①偉業　②宴会　③伝染病 ＿＿＿＿
17. deed　①行い　②信念　③注目 ＿＿＿＿

5. [　　] にあてはまる適切な単語を選択肢の中から１つ選びなさい。

18. [　　　] a sweater　セーターを編む
① kid　② kit　③ knit　④ knot　＿＿＿＿
19. a long [　　　] in Africa　アフリカの長い干ばつ
① desert　② draft　③ drift　④ drought　＿＿＿＿
20. the [　　　] that Japan is safe　日本が安全だという幻想
① collision　② concept　③ illusion　④ incentive　＿＿＿＿
21. cotton [　　　]　木綿の糸
① thread　② threat　③ tread　④ treaty　＿＿＿＿
22. a seasonal [　　　]　季節の移り変わり
① transfer　② transition　③ transmission　④ transportation　＿＿＿＿
23. dangerous [　　　]　危険な放射線
① ejection　② emission　③ radiation　④ release　＿＿＿＿
24. Thank you for the [　　　].　ほめ言葉をありがとう
① celebration　② certificate　③ complaint　④ compliment　＿＿＿＿
25. watch the candle [　　　]　ろうそくの炎を見つめる
① fare　② flame　③ flood　④ frame　＿＿＿＿
26. celebrate their wedding [　　　]　２人の結婚記念日を祝う
① anniversary　② courtesy　③ feast　④ universal　＿＿＿＿

6. 次の日本語を英語にしなさい。

27. 部屋の中がめちゃくちゃだ。　＿＿＿＿＿＿＿＿
28. 尊厳死　＿＿＿＿＿＿＿＿
29. パナマ運河　＿＿＿＿＿＿＿＿
30. 古い中国のことわざ　＿＿＿＿＿＿＿＿

PLUS

上の語と最も強く発音する母音が同じ語を１つ選びなさい。

(1) capacity　(中央大)
① canal　② canoe　③ capable　④ campaign　⑤ Canadian　＿＿＿
(2) fatigue　(東京工芸大)
① unreasonable　② stupidity　③ understanding　④ argument　＿＿＿

⑸名詞 『システム英単語〈5訂版〉』p. 249～253 解答冊子 p. 51

50 Advanced Stage No. 1471～1500 ／30

1. 次の各フレーズの下線の語の意味を答えなさい。

1. produce offspring ＿＿＿＿＿＿
2. a worm in the apple ＿＿＿＿＿＿
3. a good remedy for colds ＿＿＿＿＿＿
4. reading, writing, and arithmetic ＿＿＿＿＿＿
5. win the lottery ＿＿＿＿＿＿

2. 下線部には最もよくあてはまる語，また（　）には適切な前置詞を入れなさい。

6. catch a (g)＿＿＿＿＿＿ (　　　) her face　彼女の顔がちらりと見える
7. (m)＿＿＿＿＿＿ in the soil　土壌にすむ微生物
8. a disk five inches (　　　) (d)＿＿＿＿＿＿　直径５インチのディスク
9. share household (c)＿＿＿＿＿＿　家庭の雑用を分担する

3. それぞれの指示に合う単語を答えなさい。

10. chaos の同意語 ＿＿＿＿＿＿
11. destiny の同意語 ＿＿＿＿＿＿

4. 次の単語の意味として適切なものを選択肢の中から１つ選びなさい。

12.	conscience	①自意識	②理性	③良心	＿＿＿
13.	expedition	①経験	②経費	③探検	＿＿＿
14.	encyclopedia	①循環	②百科事典	③法体系	＿＿＿
15.	triumph	①勝利	②進展	③法則	＿＿＿
16.	self-esteem	①自己評価	②自尊心	③利己心	＿＿＿
17.	odds	①可能性	②徴候	③変異	＿＿＿
18.	souvenir	①飲食	②宝石	③みやげ物	＿＿＿
19.	trail	①川縁	②小道	③洞窟	＿＿＿
20.	sword	①斧	②剣	③誓い	＿＿＿

21. whistle ①ささやき ②笛 ③むち打ち ＿＿＿＿

22. mayor ①市長 ②市民 ③職員 ＿＿＿＿

5. [　　] にあてはまる適切な単語を選択肢の中から１つ選びなさい。

23. my monthly [　　　] 僕の毎月のこづかい
① abuse ② adoption ③ allowance ④ assignment ＿＿＿＿

24. school [　　　] 学校の職員
① personal ② personnel ③ stiff ④ stuff ＿＿＿＿

25. a [　　　] of 10 to 1　10 対 1 の比率
① ratio ② ration ③ region ④ rotary ＿＿＿＿

26. public [　　　] against slavery　奴隷制に対する国民感情［世論］
① sentiment ② settlement ③ supplement ④ sustainment ＿＿＿＿

27. be treated with [　　　] 礼儀正しい扱いを受ける
① conscience ② courtesy ③ curiosity ④ gratitude ＿＿＿＿

6. 次の日本語を英語にしなさい。

28. 新聞の大見出し ＿＿＿＿＿＿＿＿

29. 平和条約に署名する ＿＿＿＿＿＿＿＿

30. 歴史的な記念碑 ＿＿＿＿＿＿＿＿

PLUS

1．左の語の下線部と同じ発音を含むものを選択肢の中から１つ選びなさい。（愛知大）

(1) sword ① socks ② sort ③ swallow ④ swam ＿＿

(2) execute ① exotic ② executive ③ exercise ④ exhibit ＿＿

2．下線部の発音が他と異なるものを１つ選びなさい。（上智大）

① word ② work ③ worm ④ worn ＿＿

⑸名詞 『システム英単語〈5訂版〉』p. 253 ～ 256　解答冊子 p. 52

51 Advanced Stage No. 1501 ～ 1530　／30

1. 次の各フレーズの下線の語の意味を答えなさい。

1. explore the vast wilderness ＿＿＿＿＿
2. the earth's orbit around the sun ＿＿＿＿＿
3. in the domain of psychology ＿＿＿＿＿
4. the Andromeda Galaxy ＿＿＿＿＿
5. sit on mother's lap ＿＿＿＿＿
6. faster than a bullet ＿＿＿＿＿
7. the safety of pedestrians ＿＿＿＿＿
8. the old-age pension ＿＿＿＿＿

2. 下線部には最もよくあてはまる語，また（　　）には適切な前置詞を入れなさい。

9. video (s)＿＿＿＿＿ systems　映像監視システム
10. the (d)＿＿＿＿＿ (　　　) the report　レポートの締め切り
11. meet the (c)＿＿＿＿＿ (　　　) safety　安全基準を満たす
12. a leather elbow (p)＿＿＿＿＿　革のひじ当て
13. (　　　) an (a)＿＿＿＿＿ of 30,000 feet　高度３万フィートで

3. それぞれの指示に合う単語を答えなさい。

14. trash の同意語 ＿＿＿＿＿
15. bias の同意語 ＿＿＿＿＿
16. wit の形容詞形 ＿＿＿＿＿
17. pavement の同意語 ＿＿＿＿＿

4. 次の単語の意味として適切なものを選択肢の中から１つ選びなさい。

18. prestige ①財産 ②尊敬 ③名声 ______
19. bargain ①買物 ②中古品 ③掘り出し物 ______
20. nuisance ①配慮 ②無関心 ③迷惑 ______
21. hardship ①艦船 ②強硬手段 ③苦難 ______
22. glory ①栄光 ②青春 ③成長 ______
23. navy ①海軍 ②空軍 ③陸軍 ______
24. script ①企画 ②興業 ③台本 ______

5. [ ] にあてはまる適切な単語を選択肢の中から１つ選びなさい。

25. the [ ] of Ireland アイルランド共和国
① Empire ② Federation ③ Realm ④ Republic ______
26. a [ ] of blue glass 青いガラスの破片
① flaw ② fraction ③ fragment ④ freight ______
27. a [ ] of food 食糧の余剰
① supplement ② surgery ③ surpass ④ surplus ______
28. add [ ] to the skin 肌に水分を加える
① mature ② moisture ③ pasture ④ posture ______

6. 次の英語を日本語にしなさい。

29. the province of Quebec ______

7. 次の日本語を英語にしなさい。

30. 警察本部 ______

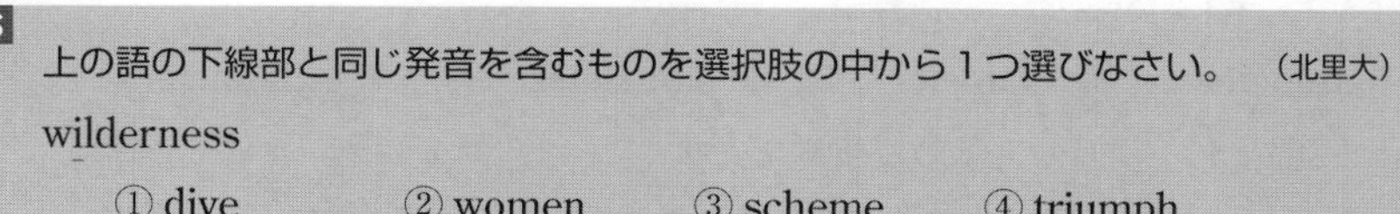

PLUS
上の語の下線部と同じ発音を含むものを選択肢の中から１つ選びなさい。（北里大）
wilderness
① dive ② women ③ scheme ④ triumph ______

⑸名詞 『システム英単語〈5訂版〉』p. 256 ~ 260　解答冊子 p. 53

52 Advanced Stage No. 1531 ~ 1560 ／30

1. 次の各フレーズの下線の語の意味を答えなさい。

1．humans and other primates ________
2．have a nightmare ________
3．prevent soil erosion ________
4．visit some Paris landmarks ________
5．a jewelry store ________

2. 下線部には最もよくあてはまる語，また（　　）には適切な前置詞を入れなさい。

6．a (d)________ (　　　) the structure　構造上の欠陥
7．(c)________ (　　　) the earth　地球との衝突
8．take daily (i)________　毎日注射を受ける
9．a (b)________ (　　　) technology　技術の飛躍的進歩

3. 次の単語の意味として適切なものを選択肢の中から1つ選びなさい。

10.	troop	①軍隊	②使節団	③民間人	____
11.	diagnosis	①回復	②診断	③治療	____
12.	antiquity	①古代	②骨とう品	③伝統	____
13.	decay	①乾燥	②腐敗	③汚れ	____
14.	dementia	①苦難	②診断	③認知症	____
15.	hazard	①危険なもの	②災害	③毒	____
16.	tomb	①活躍	②戦歴	③墓	____

4. [　　] にあてはまる適切な単語を選択肢の中から1つ選びなさい。

17. The [　　　] shows 0℃.　温度計が0℃を示す
① barometer　② diameter　③ parameter　④ thermometer ____

18. pay college [　　　]　大学の授業料を支払う
① charge　② cost　③ fare　④ tuition ____

19. find [　　　] in his argument　彼の主張に欠陥を見つける
① fabrics　② fares　③ feats　④ flaws　＿＿＿

20. wear a silk [　　　]　絹の衣服を身につける
① close　② cloth　③ garment　④ globe　＿＿＿

21. industry and [　　　]　工業と商業
① advertising　② commerce　③ merchandise　④ trade　＿＿＿

22. a small [　　　] of the money　その金のほんの一部
① fiction　② fraction　③ friction　④ fusion　＿＿＿

23. a birth [　　　]　出生証明書
① certificate　② guarantee　③ insurance　④ witness　＿＿＿

24. a [　　　] for happiness　幸福の秘けつ
① reception　② recession　③ recipe　④ reciprocation　＿＿＿

25. the [　　　] of her movements　彼女のしぐさの優雅さ
① garment　② glory　③ glow　④ grace　＿＿＿

5. 次の日本語を英語にしなさい。

26. 彼の息子と甥(おい)　＿＿＿＿＿＿＿＿

27. 運命の皮肉　＿＿＿＿＿＿＿＿

28. 人間の骨格　＿＿＿＿＿＿＿＿

29. 肉と血　＿＿＿＿＿＿＿＿

30. 革のかばん　＿＿＿＿＿＿＿＿

PLUS

（　）に入れるのに最も適切なものを 1 つ選びなさい。

(1) He talked about the probability of Earth collision (　　　) comets.（信州大･改）
① at　② in　③ on　④ with　＿＿＿

(2) If you pass the final exam, you will be given (　　　) that shows you have completed the program.（立命館大）
① a certificate　② a failure　③ a penalty　④ an identification　＿＿＿

⑸名詞 『システム英単語〈5訂版〉』p. 260 ～ 264　解答冊子 p. 54

53 Advanced Stage No. 1561～1590　／30

1. 次の各フレーズの下線の語の意味を答えなさい。

1. read nonverbal cues ＿＿＿＿
2. Call an ambulance right away. ＿＿＿＿
3. anti-government rebels ＿＿＿＿
4. be struck by lightning ＿＿＿＿
5. the use of pesticides ＿＿＿＿

2. 下線部には最もよくあてはまる語，また（　）には適切な前置詞を入れなさい。

6. an (i)＿＿＿＿ (　　) work　仕事のはげみ
7. military (i)＿＿＿＿ (　　) Iraq　イラクへの軍事介入
8. write a newspaper (c)＿＿＿＿　新聞のコラムを書く
9. a (d)＿＿＿＿ between two students　2人の学生の対話
10. learn English in (k)＿＿＿＿　幼稚園で英語を学ぶ

3. それぞれの指示に合う単語を答えなさい。

11. departure の反対語 ＿＿＿＿
12. margin の形容詞形 ＿＿＿＿

4. 次の単語の意味として適切なものを選択肢の中から１つ選びなさい。

13. phase	①時代	②段階	③団体	＿＿
14. grief	①悲しみ	②苦痛	③孤独	＿＿
15. lane	①高速	②車線	③速度	＿＿
16. predator	①寄生生物	②草食動物	③捕食動物	＿＿
17. bride	①配偶者	②花婿	③花嫁	＿＿

5. [　　] にあてはまる適切な単語を選択肢の中から１つ選びなさい。

18. a real [　　　] agent　不動産業者
① epoch　② equation　③ equator　④ estate　＿＿＿
19. an export [　　　]　輸出向けの商品
① calamity　② commodity　③ commute　④ compound　＿＿＿
20. [　　　] Valentine　聖バレンタイン
① Saint　② Scent　③ Sent　④ Stain　＿＿＿
21. [　　　] like water and air　水や空気のような流体
① flames　② floods　③ fluids　④ fruits　＿＿＿
22. marry without parental [　　　]　親の同意なしに結婚する
① certificate　② compliment　③ consent　④ contract　＿＿＿
23. the [　　　] of the "melting pot"「人種のるつぼ」という比喩
① metabolism　② metafiction　③ metamorphosis　④ metaphor　＿＿＿
24. gun control [　　　]　銃規制の法律
① legislation　② legislator　③ registration　④ registry　＿＿＿
25. spread a [　　　] about a ghost　幽霊のうわさを広める
① loom　② lumber　③ rumor　④ rumple　＿＿＿
26. tiny [　　　] particles　細かいほこりの粒子
① bite　② burst　③ dusk　④ dust　＿＿＿

6. 次の日本語を英語にしなさい。

27. 車泥棒　＿＿＿＿＿＿＿＿
28. 絵と彫刻　＿＿＿＿＿＿＿＿
29. アインシュタインの伝記　＿＿＿＿＿＿＿＿
30. 噴煙を上げる火山　＿＿＿＿＿＿＿＿

PLUS

下線部の意味に最も近いものを１つ選びなさい。（清泉女子大）

The employees at the company cannot start a new project without the president's <u>approval</u>.

① consent　② suggestion　③ advice　④ opinione　＿＿＿

⑸名詞～⑹形容詞 『システム英単語〈5訂版〉』p. 264 ～ 269 解答冊子 p. 55

54 Advanced Stage No. 1591～1620 ／30

1. 次の各フレーズの下線の語の意味を答えなさい。

1. the risk of obesity ＿＿＿＿
2. get a patent for a new invention ＿＿＿＿
3. the first chapter of The Tale of Genji ＿＿＿＿
4. Buckingham Palace ＿＿＿＿
5. do the laundry ＿＿＿＿
6. political corruption ＿＿＿＿
7. economy class syndrome ＿＿＿＿
8. the retail price ＿＿＿＿
9. regulate metabolism ＿＿＿＿
10. be in grave danger ＿＿＿＿
11. fertile soil ＿＿＿＿

2. 下線部には最もよくあてはまる語，また（　）には適切な前置詞を入れなさい。

12. at the (o)＿＿＿＿ of the war　戦争がぼっ発したとき
13. America's infant (m)＿＿＿＿ rate　アメリカの幼児死亡率
14. take a large (d)＿＿＿＿ (　　) vitamin C　大量のビタミンCを服用する
15. reduce (i)＿＿＿＿ in the eye　眼の炎症を軽減する
16. be (h)＿＿＿＿ (　　) the government　政府に反感を持つ
17. Water is (i)＿＿＿＿ (　　) life.　水は生命にとって不可欠だ

3. 指示に合う単語を答えなさい。

18. revenue の反対語 ＿＿＿＿

4. 次の単語の意味として適切なものを選択肢の中から１つ選びなさい。

19. diabetes ①嫌悪感 ②多様性 ③糖尿病 ＿＿＿
20. equation ①暗号 ②平等主義 ③方程式 ＿＿＿
21. germ ①カビ ②細菌 ③病原体 ＿＿＿
22. spouse ①監視人 ②支持者 ③配偶者 ＿＿＿
23. epidemic ①制圧 ②対策 ③流行 ＿＿＿
24. scent ①香り ②花畑 ③蜜 ＿＿＿

5. [ ] にあてはまる適切な単語を選択肢の中から１つ選びなさい。

25. patients in the [ ] 病棟の患者
① ward ② warden ③ warehouse ④ warrant ＿＿＿
26. bones found by an [ ] 考古学者に発見された骨
① anthropologist ② archaeologist ③ ecologist ④ environmentalist ＿＿＿
27. alcoholic [ ] アルコール飲料
① benefits ② beverages ③ branches ④ breaches ＿＿＿
28. an information-[ ] society 情報志向の社会
① fashioned ② obsessed ③ oriented ④ wrecked ＿＿＿

6. 次の日本語を英語にしなさい。

29. ２つの植物の交配種 ＿＿＿＿＿＿＿＿
30. 睡眠薬を飲む ＿＿＿＿＿＿＿＿

PLUS

次の英文の下線部①～④の中から，誤った英語表現を含んだものを１つ選びなさい。

（明治学院大）

The government ① receives a large ② number of revenue from ③ the taxation of alcohol and tobacco ④ products. ＿＿＿

⑹形容詞 『システム英単語〈5訂版〉』p. 270～273 解答冊子 p. 56

55 Advanced Stage No. 1621～1650 ／30

1. 次の各フレーズの下線の語の意味を答えなさい。

1. a splendid view ＿＿＿＿
2. a completely absurd idea ＿＿＿＿
3. a steep slope ＿＿＿＿
4. take a neutral position ＿＿＿＿
5. drink contaminated water ＿＿＿＿

2. 下線部に最もよくあてはまる語を入れなさい。

6. an (i)＿＿＿＿ number of stars 無限の数の星
7. a (t)＿＿＿＿ gas 有毒なガス
8. an (o)＿＿＿＿ examination 口述の試験

3. それぞれの指示に合う単語を答えなさい。

9. competent の名詞形 ＿＿＿＿
10. shallow の反対語 ＿＿＿＿
11. diligent の同意語（2つ答えなさい） (h)＿＿＿＿, (i)＿＿＿＿

4. 次の単語の意味として適切なものを選択肢の中から1つ選びなさい。

12.	sacred	①うばわれた	②固有の	③神聖な	＿＿
13.	uneasy	①絶望的な	②悲観的な	③不安な	＿＿
14.	neat	①きちんとした	②質素な	③だらしない	＿＿
15.	fake	①ちっぽけな	②にせ物の	③平凡な	＿＿
16.	magnificent	①恐ろしい	②すばらしい	③ほほえましい	＿＿
17.	comprehensive	①共同の	②包括的な	③予備的な	＿＿
18.	subsequent	①可能な	②潜在的な	③次に起こる	＿＿
19.	ambiguous	①あいまいな	②否定的な	③明確な	＿＿
20.	restless	①落ち着かない	②静かな	③ゆったりした	＿＿

5. [　　] にあてはまる適切な単語を選択肢の中から１つ選びなさい。

21. [　　　] joy　最高の喜び
　① subsidiary　② substantial　③ superficial　④ supreme　＿＿
22. [　　　] language　わかりやすい言葉遣い
　① secondhand　② splendid　③ straightforward　④ striking　＿＿
23. take [　　　] action　大胆な行動をとる
　① bald　② board　③ bold　④ broad　＿＿
24. a [　　　] difference　表面的な違い
　① superb　② superficial　③ superfluous　④ superstitious　＿＿
25. [　　　] items　壊れやすい物
　① financial　② fragile　③ frequent　④ frigid　＿＿
26. a girl from a [　　　] family　ちゃんとした家の娘
　① respectable　② respectful　③ respecting　④ respective　＿＿
27. my [　　　] apologies　私の心からの謝罪
　① serious　② severe　③ sincere　④ stiff　＿＿
28. have a [　　　] throat　のどが痛い
　① chore　② snore　③ sore　④ wore　＿＿
29. smell like [　　　] eggs　腐った卵のようににおう
　① lottery　② lotus　③ ratted　④ rotten　＿＿

6. 次の日本語を英語にしなさい。

30. 国内総生産（= GDP）　＿＿＿＿＿＿

PLUS

（　　）に入れるのに最も適当なものを１つ選びなさい。（学習院大）

We always try to be (　　　) of each other's opinions, no matter how much we disagree.

① respective　② respectful　③ respecting　④ respectable　＿＿

⑹形容詞　『システム英単語〈5訂版〉』p. 273～277　解答冊子 p. 57

56 Advanced Stage No. 1651～1680　／30

1. 次の各フレーズの下線の語の意味を答えなさい。

1．the hope of eternal life ______

2．Japan's per capita income ______

2. 下線部には最もよくあてはまる語，また（　）には適切な前置詞を入れなさい。

3．His company went (b)______．彼の会社は破産した

4．native and (e)______ animals　在来と外来の動物

5．(r)______ rules　厳格な規則

6．be (a)______ (　　) drugs　麻薬中毒である

7．be (v)______ (　　) attack　攻撃を受けやすい

3. それぞれの指示に合う単語を答えなさい。

8．vigorous の名詞形 ______

9．solitary の名詞形 ______

10．explicit の反対語 ______

11．feminine の反対語 ______

4. 次の単語の意味として適切なものを選択肢の中から１つ選びなさい。

12.	immense	①貴重な	②莫大な	③わずかな	______
13.	punctual	①時間をきっちり守る	②時間を守れない	③履行をする	______
14.	diplomatic	①外交の	②通商的な	③同盟の	______
15.	nasty	①かすかな	②さわやかな	③不快な	______
16.	notable	①さまざまな	②注目すべき	③特殊な	______
17.	humid	①恥ずべき	②不快な	③蒸し暑い	______
18.	spontaneous	①自然に起こる	②突然の	③連鎖的な	______
19.	greedy	①激怒した	②どん欲な	③喜んでいる	______
20.	trivial	①ささいな	②すばらしい	③不思議な	______

5. [　　] にあてはまる適切な単語を選択肢の中から１つ選びなさい。

21. [　　　] areas　大都市圏
① metropolitan　② rural　③ suburban　④ urban　＿＿＿

22. take [　　　] action　集団行動を起こす
① collective　② compatible　③ composed　④ continual　＿＿＿

23. the [　　　] survivor　唯一の生存者
① hole　② mole　③ pole　④ sole　＿＿＿

24. an [　　　] society　裕福な社会
① absolute　② advanced　③ affluent　④ ambitious　＿＿＿

25. an [　　　] scholar　傑出した学者
① outlooking　② outstanding　③ overlooking　④ overshadowing　＿＿＿

6. 次の日本語を英語にしなさい。

26. 無力な赤ん坊　＿＿＿＿＿＿＿＿

27. すっぱいブドウ　＿＿＿＿＿＿＿＿

28. 裸の男　＿＿＿＿＿＿＿＿

29. 発声器官　＿＿＿＿＿＿＿＿

30. 空いている席に座る　＿＿＿＿＿＿＿＿

PLUS

1. (　　) に入れるのに最も適当なものを１つ選びなさい。（成城大）
The company was about to (　　　) bankrupt.
① come　② go　③ turn　④ grow　＿＿

2. 下線部の意味に最も近いものを１つ選びなさい。（早稲田大）
Humans are uniquely vulnerable to Alzheimer's
① at risk of　② cautious about
③ displeased with　④ in fear of　＿＿

(6)形容詞～(7)副詞・その他　『システム英単語〈5訂版〉』p. 277～280　　解答冊子 p. 58

57 Advanced Stage No. 1681～1700　／20

1. 次の各フレーズの下線の語の意味を答えなさい。

1. a promising new actress ________
2. physiological reactions ________
3. divisions of geological time ________
4. innate ability to learn ________
5. occur simultaneously ________

2. 下線部には最もよくあてはまる語，また（　）には適切な前置詞を入れなさい。

6. the risks (i)________ (　　　) the sport　そのスポーツに元から伴う危険
7. be (a)________ (　　　) every sound　あらゆる音に用心する
8. change (d)________　劇的に変化する
9. (o)________ (　　　) lack of fuel　燃料不足のために

3. 指示に合う単語を答えなさい。

10. chronic の反対語 ________

4. 次の単語の意味として適切なものを選択肢の中から１つ選びなさい。

11. clinical　①介護を要する　②病的な　③臨床の ________
12. utterly　①相対的に　②微妙に　③まったく ________
13. via A　①～関連で　②～経由で　③～なので ________

5. [　] にあてはまる適切な単語を選択肢の中から１つ選びなさい。

14. [　　] species of insects　無数の種類の昆虫
    ① countless　② crucial　③ eternal　④ permanent ________
15. He always tells the truth, [　　] avoiding troubles.
    彼はいつも真実を述べ，そうすることで，面倒を避けている
    ① thereafter　② thereby　③ therefore　④ therein ________

16. the two cities, [ ], Paris and Tokyo　その２つの都市，すなわちパリと東京
① conversely ② namely ③ presumably ④ utterly ______

6. 次の日本語を英語にしなさい。

17. 自動運転車 ______
18. 必ずしも本当でない ______
19. 率直に話す ______
20. 彼は努力した。だから成功した。 ______

PLUS

1．(　　) に入れるのに最も適当なものを１つ選びなさい。 (東京薬大)
Severe food shortages will occur, (　　　) to the effects of global warming.
① because ② owing ③ by ④ reason ____

2．下線部の意味に最も近いものを１つ選びなさい。 (同志社大)
If we can pay attention to the advice of countless scientists, every one of us will gain in good health.
① innumerable ② active ③ distinguished ④ nameless ____

(1)動詞 『システム英単語〈5訂版〉』p. 282～285　解答冊子 p. 59

58 Final Stage No. 1701～1730 ／30

1. 下線部には最もよくあてはまる語，また（　　）には適切な前置詞を入れなさい。

1. (s)＿＿＿＿＿＿ the police　警察を呼ぶ
2. be (e)＿＿＿＿＿＿ (　　　　) a talent　才能に恵まれる
3. (s)＿＿＿＿＿＿ never to drink again　二度と酒を飲まないと誓う
4. (f)＿＿＿＿＿＿ (　　　　) smoking　喫煙にまゆをひそめる
5. (r)＿＿＿＿＿＿ religion (　　　　) science　宗教と科学を調和させる
6. (c)＿＿＿＿＿＿ (　　　　) the standards　基準に従う

2. 次の単語の意味として適切なものを選択肢の中から１つ選びなさい。

7.	linger	①たよる	②残る	③焼き付ける	＿＿＿
8.	contend	①と主張する	②に同意する	③を満足させる	＿＿＿
9.	degrade	①を悪化させる	②を否定する	③を評価する	＿＿＿
10.	testify	①告訴する	②証言する	③弁護する	＿＿＿
11.	roam	①を荒らす	②を歩き回る	③を見物する	＿＿＿
12.	rattle	①をがたがた鳴らす	②を粉々に割る	③をみがく	＿＿＿
13.	blur	①をかきまわす	②をぼやかす	③を無視する	＿＿＿
14.	soothe	①をしかる	②を世話する	③をなだめる	＿＿＿
15.	pierce	①に穴をあける	②にささやく	③をつまむ	＿＿＿

3. [　　] にあてはまる適切な単語を選択肢の中から１つ選びなさい。

16. [　　　] the meaning of the word　単語の意味を明らかにする
① claim　② clarify　③ expire　④ expose　＿＿＿

17. [　　　] windows　窓を粉々にする
① butter　② chatter　③ flatter　④ shatter　＿＿＿

18. [　　　] the shortness of life　人生の短さを嘆く
① compartment　② element　③ lament　④ ornament　＿＿＿

19. [　　　] in the success　成功を喜ぶ

①reassure　②reinforce　③rejoice　④retrieve　______

20. [　　　] his face　彼の顔をピシャリと打つ

①skip　②slap　③slip　④snap　______

21. can [　　　] the difference　違いを識別することができる

①deteriorate　②discern　③dispense　④dispose　______

22. [　　　] learning ability　学習能力を低下させる

①illustrate　②impair　③inform　④interrupt　______

4. 次の英語を日本語にしなさい。

23. mourn Gandhi's death　______

24. erect barriers　______

25. spur him into action　______

26. lure tourists to Japan　______

27. stroll in the park　______

5. 次の日本語を英語にしなさい。

28. ビンを粉々に砕く　______

29. 資源を配分する　______

30. 重力に逆らう　______

⑴動詞 『システム英単語〈5訂版〉』p. 285 ~ 288 解答冊子 p. 60

59 Final Stage No. 1731 ~ 1760 ／30

1. 次の各フレーズの下線の語の意味を答えなさい。

1. inhibit the growth of bacteria ＿＿＿＿
2. tame wild animals ＿＿＿＿

2. 下線部には最もよくあてはまる語，また（　　）には適切な前置詞を入れなさい。

3. (e)＿＿＿＿ the spirit of the age　時代の精神を具現する
4. (s)＿＿＿＿ the prey　獲物に忍び寄る
5. (i)＿＿＿＿ pain (　　　) other people　人に苦痛を与える
6. (m)＿＿＿＿ (　　　) the company　その会社と合併する
7. (a)＿＿＿＿ (　　　) the international standards　国際基準を固く守る
8. (s)＿＿＿＿ the audience　聴衆をびっくりさせる
9. (d)＿＿＿＿ garbage in the street　通りにゴミを捨てる
10. (d)＿＿＿＿ old emails　古い e メールを削除する
11. (d)＿＿＿＿ attention (　　　) the fact　事実から注意をそらす
12. be (i)＿＿＿＿ (　　　) a different culture　異なる文化に浸る
13. (e)＿＿＿＿ (　　　) a new adventure　新しい冒険に乗り出す

3. 次の単語の意味として適切なものを選択肢の中から１つ選びなさい。

14.	hinder	①を維持する	②をさまたげる	③を目指す	＿＿
15.	proclaim	①と宣言する	②を妨害する	③を推進する	＿＿
16.	poke	①をくらませる	②を突く	③を見つめる	＿＿
17.	wither	①咲く	②しぼむ	③散る	＿＿
18.	choke	①せきが出る	②のどがつまる	③吐く	＿＿
19.	affirm	①と確認する	②と推定する	③と断言する	＿＿

4. [　] にあてはまる適切な単語を選択肢の中から１つ選びなさい。

20. [　　　] her efforts　彼女の努力をあざける
① cock　② dock　③ mock　④ smock　＿＿＿
21. be [　　　] by memories of war　戦争の記憶につきまとわれる
① hauled　② haunted　③ hawked　④ hindered　＿＿＿
22. His health will [　　　].　彼の健康状態は悪化するだろう
① deteriorate　② dispose　③ disregard　④ disrupt　＿＿＿
23. [　　　] large rewards　大きな報酬を手に入れる
① leak　② leap　③ rack　④ reap　＿＿＿

5. 次の英語を日本語にしなさい。

24. stumble on the stairs ＿＿＿＿＿＿＿＿
25. compile a list of customers ＿＿＿＿＿＿＿＿
26. murmur in a low voice ＿＿＿＿＿＿＿＿

6. 次の日本語を英語にしなさい。

27. 観客が拍手する。＿＿＿＿＿＿＿＿
28. 人々はその地域から避難した。＿＿＿＿＿＿＿＿
29. 一度したことは元に戻らない。（諺）＿＿＿＿＿＿＿＿
30. 私の免許は来月に期限が切れる。＿＿＿＿＿＿＿＿

(1)動詞～(2)名詞 『システム英単語〈5訂版〉』p. 288 ～ 292　解答冊子 p. 61

60 Final Stage No. 1761～1790　／30

1. 次のフレーズの下線の語の意味を答えなさい。

1. distort the facts ＿＿＿＿

2. 下線部には最もよくあてはまる語，また（　）には適切な前置詞を入れなさい。

2. (y)＿＿＿＿ (　　　) freedom　自由を切望する
3. (i)＿＿＿＿ (　　　) his privacy　彼のプライバシーに立ち入る
4. (d)＿＿＿＿ the meat in the sauce　ソースに肉をひたす
5. (r)＿＿＿＿ poetry　詩を暗唱する

3. それぞれの指示に合う単語・熟語を答えなさい。

6. extinguish の同意熟語 ＿＿＿＿ ＿＿＿＿
7. plead の名詞形 ＿＿＿＿
8. prose の反対語 ＿＿＿＿

4. 次の単語の意味として適切なものを選択肢の中から１つ選びなさい。

9. vow	①を拒否する	②を決意する	③を誓う	＿＿
10. adore	①を恐れる	②を飾る	③を崇拝する	＿＿
11. suck	①を訴える	②を吸う	③を吐く	＿＿
12. pledge	①を誓う	②を決定する	③を拒否する	＿＿
13. sue	①を訴える	②を頼る	③を目指す	＿＿
14. preach	①暗示をかける	②訴える	③説教する	＿＿
15. curb	①を形作る	②を推進する	③を抑制する	＿＿
16. thrust	①を預ける	②を移す	③を押し込む	＿＿
17. humiliate	①に恥をかかせる	②を敬う	③をほめたたえる	＿＿
18. condemn	①とみなす	②を主張する	③を非難する	＿＿
19. evoke	①を拒否する	②を示す	③を呼び起こす	＿＿
20. flatter	①におせじを言う	②ふるえる	③を押しつぶす	＿＿

21. timber ①材木 ②電源 ③無駄 ____
22. masterpiece ①巨匠 ②技巧 ③傑作 ____

5. [ ] にあてはまる適切な単語を選択肢の中から1つ選びなさい。

23. [ ] the future 未来を予知する
① forbid ② foresee ③ forgive ④ formulate ____
24. [ ] high temperatures 高温に耐える
① withdraw ② wither ③ withhold ④ withstand ____
25. the [ ] industry 織物工業
① futile ② hostile ③ reptile ④ textile ____

6. 次の英語を日本語にしなさい。

26. undermine the US position ____
27. discharge waste into rivers ____
28. retrieve information ____

7. 次の日本語を英語にしなさい。

29. 肩をすくめる ____
30. 川から水を取ってくる ____

PLUS
下線部の意味に最も近いものを1つ選びなさい。 (桜美林大)
The court has sentenced a young man to a two-year prison term.
① condemned ② released ③ confined ④ involved ____

⑵名詞 『システム英単語〈5訂版〉』p. 292 ~ 296　解答冊子 p. 62

61 Final Stage No. 1791 ~ 1820　／30

1. 次のフレーズの下線の語の意味を答えなさい。

1. punishment for sin

2. 下線部には最もよくあてはまる語，また（　　）には適切な前置詞を入れなさい。

2. a train (c)＿＿＿＿＿＿　列車の車両
3. make a (f)＿＿＿＿＿＿ (　　　　) nothing　くだらないことに大騒ぎする
4. the (h)＿＿＿＿＿＿ (　　　　) a fortune　財産の相続人
5. a cool (b)＿＿＿＿＿＿ from the sea　海からの涼しいそよ風
6. the French (a)＿＿＿＿＿＿ (　　　　) Japan　駐日フランス大使
7. the judge and (j)＿＿＿＿＿＿　裁判官と陪審員（団）
8. a (c)＿＿＿＿＿＿ (　　　　) neurons　ニューロンの集団

3. それぞれの指示に合う単語を答えなさい。

9. apparatus の同意語　＿＿＿＿＿＿
10. predecessor の反対語　＿＿＿＿＿＿

4. 次の単語の意味として適切なものを選択肢の中から１つ選びなさい。

11. riot	①活動家	②デモ	③暴動	＿＿＿
12. petroleum	①鉱石	②石油	③農産物	＿＿＿
13. vapor	①固体	②蒸気	③分子	＿＿＿
14. expertise	①専門知識	②探検	③百科事典	＿＿＿
15. prophet	①使徒	②信者	③預言者	＿＿＿
16. queue	①待合室	②街角	③列	＿＿＿
17. lump	①こぶ	②周囲	③てっぺん	＿＿＿
18. feat	①偉業	②開発	③貢献	＿＿＿

5. [　] にあてはまる適切な単語を選択肢の中から１つ選びなさい。

19. a jungle at the [　　　] 赤道直下のジャングル
① border　② boundary　③ equality　④ equator　＿＿＿＿
20. a look of [　　　] 軽蔑のまなざし
① scent　② scorn　③ scrape　④ scratch　＿＿＿＿
21. a [　　　] in blood sugar 血糖の急増
① sentiment　② sewage　③ surge　④ surplus　＿＿＿＿
22. a high-[　　　] poker game 賭け金の高いポーカー
① stakes　② stalks　③ startles　④ statues　＿＿＿＿
23. the green [　　　] 緑の牧草地
① bestow　② endow　③ meadow　④ widow　＿＿＿＿
24. artistic [　　　] 芸術的な気質
① temperament　② temperance　③ temperature　④ temptation　＿＿＿＿

6. 次の日本語を英語にしなさい。

25. ビタミンの欠乏　＿＿＿＿＿＿＿＿
26. 邪悪な魔女　＿＿＿＿＿＿＿＿
27. 宇宙探査機　＿＿＿＿＿＿＿＿
28. 医療を補うもの　＿＿＿＿＿＿＿＿
29. 寒気を感じる　＿＿＿＿＿＿＿＿
30. 電気器具　＿＿＿＿＿＿＿＿

(2)名詞 『システム英単語〈5訂版〉』p. 296 ~ 299 解答冊子 p. 63

62 Final Stage No. 1821 ~ 1850 ／30

1. 次の各フレーズの下線の語の意味を答えなさい。

1. the British monarch ＿＿＿＿
2. an expressway toll ＿＿＿＿
3. an animal parasite ＿＿＿＿
4. watch with apprehension ＿＿＿＿

2. 下線部に最もよくあてはまる語を入れなさい。

5. receive warm (h)＿＿＿＿ あたたかいもてなしを受ける
6. an (a)＿＿＿＿ to the law 法律の改正
7. (d)＿＿＿＿ products 乳製品
8. Asian art and (a)＿＿＿＿ アジアの美術と工芸品
9. good (h)＿＿＿＿ practices よい衛生習慣

3. 次の単語の意味として適切なものを選択肢の中から1つ選びなさい。

10.	narrative	①日程	②話	③道連れ	＿＿
11.	catastrophe	①異常気象	②虐殺	③大災害	＿＿
12.	constraint	①協同	②制約	③報道	＿＿
13.	aisle	①苦悩	②小島	③通路	＿＿
14.	hierarchy	①階級制度	②巨大組織	③大混乱	＿＿
15.	transaction	①競合	②協定	③取引	＿＿
16.	burglar	①海賊	②強盗	③殺人犯	＿＿
17.	legacy	①遺産	②巨匠	③理念	＿＿
18.	vein	①神経	②静脈	③無駄	＿＿
19.	discourse	①主義	②信条	③論説	＿＿
20.	outlet	①蓄積	②はけ口	③爆発	＿＿
21.	novelty	①独自性	②普遍性	③目新しさ	＿＿

4. [ ] にあてはまる適切な単語を選択肢の中から１つ選びなさい。

22. a child as a separate [ ] 独立した存在としての子供
① embody ② enemy ③ entity ④ equality ______

23. a small [ ] of the population 住民のほんの一部分
① basement ② segment ③ testament ④ torment ______

24. the structure of the [ ] 宇宙の構造
① asteroid ② astronomy ③ cosmos ④ planet ______

25. put up with [ ] 圧政に耐える
① administration ② reign ③ rule ④ tyranny ______

26. former [ ] countries 元共産主義の国々
① committee ② common ③ communist ④ commute ______

27. a mood of [ ] 憂うつな気分
① marital ② melancholy ③ mellow ④ modest ______

28. a [ ] of a rare plant 珍しい植物の標本
① specialty ② specimen ③ speck ④ speculation ______

29. use guerrilla [ ] ゲリラ戦術を使う
① tackles ② tactics ③ tissues ④ traits ______

5. 次の日本語を英語にしなさい。

30. 女の直感 ______

(2)名詞 『システム英単語〈5訂版〉』p. 299 ~ 303　解答冊子 p. 64

63 Final Stage No. 1851 ~ 1880　／30

1. 次の各フレーズの下線の語の意味を答えなさい。

1. the English aristocracy ______
2. the advent of the Internet ______
3. irrigation systems ______
4. a menace to world peace ______
5. the perils of the road ______
6. hatred of war ______
7. have a brain tumor ______

2. 下線部には最もよくあてはまる語，また（　）には適切な前置詞を入れなさい。

8. take (r)______ (　　) an enemy　敵に復讐する
9. be on the (v)______ (　　) extinction　絶滅の瀬戸際にいる
10. go to (c)______ school　塾に通う
11. a political (i)______　政治的なイデオロギー

3. 指示に合う単語を答えなさい。

12. curse の反対語 ______

4. 次の単語の意味として適切なものを選択肢の中から１つ選びなさい。

13. monopoly	①独占	②買収	③封鎖	______
14. rhetoric	①お世辞	②誓約	③美辞麗句	______
15. census	①国勢調査	②国民投票	③市場調査	______
16. analogy	①解剖学	②類似点	③論理	______
17. coverage	①極秘情報	②包装	③報道	______
18. limb	①経歴	②手足	③羊	______
19. subsidy	①賠償金	②負債	③補助金	______

20. empathy ①活動 ②共感 ③存在 ______
21. posture ①姿勢 ②生活習慣 ③誠実さ ______

5. [ ] にあてはまる適切な単語を選択肢の中から１つ選びなさい。

22. as a [ ] of our friendship 我々の友情の印として
① sewage ② souvenir ③ token ④ toll ______
23. traditional French [ ] 伝統的なフランス料理
① celebrity ② cuisine ③ curiosity ④ curse ______
24. [ ] on the enemy's base 敵基地への攻撃
① agreement ② apparatus ③ assault ④ assertion ______
25. turn right at the [ ] 交差点で右に曲がる
① interaction ② interruption ③ intersection ④ intervention ______
26. the [ ] of the contract 契約の期間
① durability ② duration ③ durative ④ durian ______

6. 次の日本語を英語にしなさい。

27. 人権活動家 ______
28. 成功した起業家 ______
29. 患者の自主性 ______
30. 俗語表現 ______

(2)名詞 『システム英単語〈5訂版〉』p. 303～306　解答冊子 p. 65

64 Final Stage No. 1881～1910　／30

1. 次の各フレーズの下線の語の意味を答えなさい。

1．take precautions against fires ＿＿＿＿

2．aspirations to be an artist ＿＿＿＿

3．instruct a subordinate ＿＿＿＿

4．subscribers to the service ＿＿＿＿

5．be covered with rust ＿＿＿＿

2. 下線部には最もよくあてはまる語，また（　）には適切な前置詞を入れなさい。

6．a (b)＿＿＿＿ of flowers　ひとたばの花

7．put up with her (s)＿＿＿＿　彼女の欠点を我慢する

8．packaging and (s)＿＿＿＿　包装と発送

9．in the (m)＿＿＿＿ (　　) the lecture　授業のまっただ中に

10．(f)＿＿＿＿ (　　) the two countries　二国間の摩擦

11．(c)＿＿＿＿ (　　) authority　権威に対する軽蔑

3. それぞれの指示に合う単語を答えなさい。

12．statesman の同意語 ＿＿＿＿

13．latitude の反対語 ＿＿＿＿

4. 次の単語の意味として適切なものを選択肢の中から１つ選びなさい。

14. senator	①国務長官	②上院議員	③大使	＿＿
15. vacuum	①空白	②欠陥	③損失	＿＿
16. meditation	①教養	②修行	③瞑想(めいそう)	＿＿
17. riddle	①逆説	②誤解	③謎	＿＿
18. mischief	①いたずら	②けんか	③失敗	＿＿
19. recollection	①印象	②記憶	③記録	＿＿

20. botanist ①遺伝学者 ②考古学者 ③植物学者 ______
21. heredity ①遺伝 ②生殖 ③免疫 ______
22. integrity ①信念 ②誠実 ③博識 ______

5. [ ] にあてはまる適切な単語を選択肢の中から１つ選びなさい。

23. [ ] in the Amazon アマゾンの森林破壊
① deforestation ② designation ③ discrimination ④ frustration ______
24. psychologists and [ ] 心理学者と精神科医
① physicians ② physicists ③ physiologists ④ psychiatrists ______
25. the [ ] for the truth 真理の探究
① quake ② quest ③ queue ④ quote ______
26. be dressed in [ ] ぼろを着ている
① lags ② lugs ③ rags ④ rugs ______
27. the [ ] of the human brain ヒトの脳の構造
① anatomy ② antinomy ③ autonomy ④ gastronomy ______
28. a [ ] ship 貨物船
① caraway ② careen ③ cargo ④ carter ______

6. 次の日本語を英語にしなさい。

29. 公衆衛生 ______
30. 英語検定試験 ______

(2)名詞 『システム英単語〈5訂版〉』p. 307～310 解答冊子 p. 66

65 Final Stage No. 1911～1940 ／30

1. 次の各フレーズの下線の語の意味を答えなさい。

1. America's trade deficit ＿＿＿＿
2. outside the realm of science ＿＿＿＿
3. destroy the vegetation in the area ＿＿＿＿
4. a genetic mutation ＿＿＿＿

2. 下線部には最もよくあてはまる語，また（　）には適切な前置詞を入れなさい。

5. take a (b)＿＿＿＿ わいろを受け取る
6. the (b)＿＿＿＿ (　　) the population 人口の大部分
7. be burned to (a)＿＿＿＿ 燃えて灰になる
8. His opinion is (　　) (a)＿＿＿＿ (　　) mine.
彼の意見は私と一致する
9. a vast (a)＿＿＿＿ (　　) spices 非常に多彩なスパイス
10. a (c)＿＿＿＿ of civilizations 文明同士の衝突
11. the (o)＿＿＿＿ of dementia 認知症の発症

3. 次の単語の意味として適切なものを選択肢の中から1つ選びなさい。

12.	plantation	①果樹園	②植民地	③農園	＿＿
13.	plow	①すき	②手ぬぐい	③帽子	＿＿
14.	orphan	①関節	②器官	③孤児	＿＿
15.	warrior	①危惧	②戦士	③倉庫	＿＿
16.	sewage	①下水	②処理	③縫合	＿＿
17.	paradigm	①寄生生物	②逆説	③理論的枠組	＿＿
18.	skyscraper	①高級品	②大気圏	③超高層ビル	＿＿
19.	torture	①運命	②拷問	③非難	＿＿

4. [ ] にあてはまる適切な単語を選択肢の中から１つ選びなさい。

20. a massive volcanic [ ] 大規模な火山の噴火
① era ② erosion ③ eruption ④ evolution ______

21. connections between [ ] ニューロン間の結合
① nerves ② nervousness ③ neurons ④ nurses ______

22. government [ ] 政府の官僚
① bankers ② barriers ③ burdens ④ bureaucrats ______

23. Queen Victoria's [ ] ヴィクトリア女王の統治
① margin ② reign ③ resign ④ sovereign ______

5. 次の日本語を英語にしなさい。

24. 結婚式と葬式 ______
25. 百万長者と結婚する方法 ______
26. 自動販売機で飲み物を買う ______
27. 京都議定書 ______
28. 卒業論文 ______
29. ４桁の数字 ______
30. 政治的課題 ______

⑵名詞〜⑶形容詞 『システム英単語〈5訂版〉』p. 310 〜 314　解答冊子 p. 67

66 Final Stage No. 1941 〜 1970　／30

1. 次の各フレーズの下線の語の意味を答えなさい。

1．landless peasants in India ＿＿＿＿

2．read in dim light ＿＿＿＿

3．a legitimate claim ＿＿＿＿

4．a swift reaction ＿＿＿＿

5．make an earnest effort ＿＿＿＿

6．I feel dizzy when I stand up. ＿＿＿＿

7．wipe with a damp towel ＿＿＿＿

2. 下線部には最もよくあてはまる語，また（　　）には適切な前置詞を入れなさい。

8．(a)＿＿＿＿ Italian food　本物のイタリア料理

9．The plan is (d)＿＿＿＿（　　　）failure.　その計画は失敗する運命にある

3. それぞれの指示に合う単語を答えなさい。

10．vertical の反対語 ＿＿＿＿

11．subjective の反対語 ＿＿＿＿

12．static の反対語 ＿＿＿＿

13．innumerable の同意語 ＿＿＿＿

14．clumsy の同意語 ＿＿＿＿

4. 次の単語の意味として適切なものを選択肢の中から１つ選びなさい。

15．transparent　①透き通った　②繊細な　③ゆったりした ＿＿＿＿

16．naive　①内気な　②傷つきやすい　③世間知らずの ＿＿＿＿

17．gloomy　①暗い　②残酷な　③不透明な ＿＿＿＿

18．furious　①激怒した　②興奮した　③絶望した ＿＿＿＿

19．wicked　①強烈な　②邪悪な　③ひそかな ＿＿＿＿

20. enlightened ①選ばれた ②楽観主義的な ③進んだ考えの ＿＿＿

21. sheer ①ありえない ②かけがえのない ③まったくの ＿＿＿

22. naughty ①いたずらな ②うるさい ③活発な ＿＿＿

23. respiratory ①呼吸器の ②ちゃんとした ③有名な ＿＿＿

24. aesthetic ①伝統的な ②道徳的な ③美的な ＿＿＿

5. [ ] にあてはまる適切な単語を選択肢の中から１つ選びなさい。

25. a world-[ ] singer 世界的に有名な歌手

① reckless ② renowned ③ retrieval ④ ridicule ＿＿＿

26. I'm not as [ ] as I look. 私は見かけほどばかではない

① damp ② deaf ③ doomed ④ dumb ＿＿＿

27. What a [ ] idea! 何とすばらしい考えだろう

① terrible ② terrific ③ terrifying ④ territorial ＿＿＿

28. a [ ] murder 残忍な殺人事件

① barren ② blunt ③ bold ④ brutal ＿＿＿

6. 次の日本語を英語にしなさい。

29. 有害な紫外線 ＿＿＿＿＿＿＿＿

30. 地球温暖化の悪影響 ＿＿＿＿＿＿＿＿

1 Fundamental
2 Essential
3 Advanced
4 Final
5 多義語

PLUS

下線部の発音が他と異なるものを１つ選びなさい。 （東京薬科大）

① meadow ② peasant ③ steady ④ wheat ＿＿＿

⑶形容詞　『システム英単語〈５訂版〉』p. 314 ~ 317　解答冊子 p. 68

67 Final Stage No. 1971 ~ 2000 ／30

1. 次の各フレーズの下線の語の意味を答えなさい。

1. his arrogant attitude ＿＿＿＿
2. a slender girl with long hair ＿＿＿＿
3. a skeptical view of life ＿＿＿＿
4. have ample opportunity to learn ＿＿＿＿
5. savage violence ＿＿＿＿
6. an eloquent speech ＿＿＿＿
7. a tender smile ＿＿＿＿
8. the intrinsic value of gold ＿＿＿＿

2. 下線部には最もよくあてはまる語，また（　　）には適切な前置詞を入れなさい。

9. be (o)＿＿＿＿ (　　) dieting　ダイエットにとりつかれている
10. be (p)＿＿＿＿ (　　) the problem　その問題で頭がいっぱいだ
11. a logically (c)＿＿＿＿ system　論理的に一貫した制度
12. be (p)＿＿＿＿ (　　) catch fire　燃えやすい

3. 指示に合う単語を答えなさい。

13. notorious の同意語 ＿＿＿＿

4. 次の単語の意味として適切なものを選択肢の中から１つ選びなさい。

14.	detached	①切り離された	②縛られた	③抑圧された	＿＿
15.	wrecked	①座礁した	②難破した	③老朽化した	＿＿
16.	conspicuous	①共有の	②極端な	③顕著な	＿＿
17.	manifest	①明らかな	②根本的な	③重大な	＿＿
18.	anonymous	①ていねいな	②匿名の	③満場一致の	＿＿
19.	trim	①こぎれいな	②不審な	③無気力な	＿＿

20. foul　①刺激的な　②不快な　③芳香の　＿＿＿

21. compulsory　①義務的な　②高等の　③集団の　＿＿＿

22. arbitrary　①勝手な　②最終的な　③重大な　＿＿＿

23. outraged　①あきれている　②感心している　③憤慨している　＿＿＿

5. [　　] にあてはまる適切な単語を選択肢の中から1つ選びなさい。

24. his [　　] driving　彼の無謀な運転
① cognitive　② integral　③ lamentable　④ reckless　＿＿＿

25. a [　　] spaceship　巨大な宇宙船
① geological　② gigantic　③ gradual　④ grave　＿＿＿

26. keep the room [　　]　部屋をきちんとしておく
① tidy　② tight　③ timid　④ tiny　＿＿＿

27. a [　　] school life　単調な学校生活
① monarchy　② monochrome　③ monopoly　④ monotonous　＿＿＿

28. a rise in [　　] crime　青少年の犯罪の増加
① exile　② juvenile　③ medieval　④ neutral　＿＿＿

29. an [　　] design　独創的な設計
① ingenious　② initial　③ insane　④ involved　＿＿＿

30. the [　　] right of kings　神聖なる王の権利
① definite　② designated　③ divine　④ drastic　＿＿＿

(3)形容詞〜(4)副詞・その他 『システム英単語〈5訂版〉』p. 317〜321 解答冊子 p. 69

68 Final Stage No. 2001〜2027 ／27

1. 次の各フレーズの下線の語の意味を答えなさい。

1. a potent weapon ＿＿＿＿
2. intricate pattern ＿＿＿＿
3. demographic changes ＿＿＿＿
4. The building remains intact. ＿＿＿＿
5. marry merry Mary ＿＿＿＿
6. perpetual peace ＿＿＿＿
7. predominantly female jobs ＿＿＿＿

2. 下線部には最もよくあてはまる語，また（　）には適切な前置詞を入れなさい。

8. be (c)＿＿＿＿ (　　　) their values　彼らの価値観に適合する
9. be (i)＿＿＿＿ (　　　) marrying him　彼と結婚する決意をしている

3. 次の単語の意味として適切なものを選択肢の中から１つ選びなさい。

10.	paralyzed	①けいれんしている	②硬直している	③麻痺(まひ)している	＿＿
11.	patriotic	①愛国的な	②勇ましい	③政治的な	＿＿
12.	indigenous	①怒った	②先住の	③都市の	＿＿
13.	integral	①誠実な	②ち密な	③不可欠な	＿＿
14.	intriguing	①興味深い	②深刻な	③複雑な	＿＿
15.	spinal	①回転の	②脊椎の	③中枢の	＿＿
16.	mandatory	①義務的な	②誤解を招く	③陽気な	＿＿
17.	abruptly	①一時的に	②不意に	③ゆっくり	＿＿
18.	conversely	①逆に	②それゆえ	③同様に	＿＿

4. [　　] にあてはまる適切な単語を選択肢の中から１つ選びなさい。

19. an [　　　] scientist　名高い科学者
① efficient　② eminent　③ enormous　④ extensive ＿＿

20. be completely [　　　]　完全に正気を失っている
① immediate　② innumerable　③ insane　④ ironic　＿＿＿

21. a [　　　] food　主食
① sacred　② sheer　③ sore　④ staple　＿＿＿

22. be of the [　　　] importance　最も重要である
① underlying　② upright　③ utmost　④ utter　＿＿＿

23. a [　　　] king　強力な王
① magnificent　② mighty　③ potential　④ proactive　＿＿＿

24. be [　　　] to disease　病気にかかりやすい
① skeptical　② spontaneous　③ static　④ susceptible　＿＿＿

25. stand [　　　]　まっすぐに立つ
① underlying　② upright　③ upset　④ utmost　＿＿＿

26. He wrote it down [　　　] he forget.　忘れないように彼は書き留めた
① despite　② lest　③ unless　④ whereas　＿＿＿

5. 次の日本語を英語にしなさい。

27. 間接喫煙［副流煙］　＿＿＿＿＿＿＿＿

『システム英単語〈5訂版〉』p. 324 ～ 327　解答冊子 p. 70

69 多義語の Brush Up No. 1～20 ／30

1. 次の各フレーズの下線の語の意味を答えなさい。

1. new cases of malaria ＿＿＿＿
2. keep bad company ＿＿＿＿
3. attend the meeting ＿＿＿＿
4. He worked hard; otherwise he would have failed. ＿＿＿＿
5. He is poor but otherwise happy. ＿＿＿＿
6. use scientific terms ＿＿＿＿
7. theory and practice ＿＿＿＿
8. a race problem ＿＿＿＿
9. a political issue ＿＿＿＿
10. the Democratic Party ＿＿＿＿
11. There is no room for doubt. ＿＿＿＿

2. 下線部には最もよくあてはまる語，また（　　）には適切な前置詞を入れなさい。

12. the (r)＿＿＿＿ to vote　投票する権利
13. It is also the (c)＿＿＿＿ (　　　) him.　それは彼についても事実だ
14. I sometimes (m)＿＿＿＿ Japan.　時には日本が恋しい
15. I am on good (t)＿＿＿＿ (　　　) him.　彼とは仲がよい
16. face a new (c)＿＿＿＿　新しい難問に直面する
17. Your (p)＿＿＿＿ is on the line.　相手の方が電話に出ています

3. [　　] にあてはまる適切な単語を選択肢の中から１つ選びなさい。

18. [　　　] in front of my house　私の家のすぐ前に

①early　②exact　③right　④soon ＿＿＿＿

19. the [　　　] man who would tell a lie　最もうそをつきそうにない人
① last　　② late　　③ latest　　④ latter　＿＿＿＿

20. I can't [　　　] this heat.　この暑さには耐えられない
① do　　② manage　　③ relate　　④ stand　＿＿＿＿

21. a [　　　] amount of time　ある程度の時間
① casual　　② certain　　③ exact　　④ several　＿＿＿＿

22. I am [　　　] of his success.　私は彼の成功を確信している
① capable　　② certain　　③ exact　　④ firm　＿＿＿＿

23. [　　　] to patients　患者を世話する
① adopt　　② attach　　③ attain　　④ attend　＿＿＿＿

24. [　　　] medicine　医者を営む
① address　　② deal　　③ fix　　④ practice　＿＿＿＿

4. 次の日本語を英語にしなさい。

25. 大会社を経営する　＿＿＿＿＿＿＿＿

26. 人々の必要を満たす　＿＿＿＿＿＿＿＿

27. 戦争は４年続いた　＿＿＿＿＿＿＿＿

28. さあ君の番だ　＿＿＿＿＿＿＿＿

29. 問題に直面する　＿＿＿＿＿＿＿＿

30. 終電車に乗り遅れる　＿＿＿＿＿＿＿＿

『システム英単語〈5訂版〉』p. 328 ~ 331　解答冊子 p. 71

70 多義語の Brush Up No. 21 ~ 40

／30

1. 次の各フレーズの下線の語の意味を答えなさい。

1. In a sense, it is right. ＿＿＿＿＿＿
2. Tell me the exact figures. ＿＿＿＿＿＿
3. a sound body ＿＿＿＿＿＿
4. concern about the future ＿＿＿＿＿＿
5. This is even better. ＿＿＿＿＿＿
6. against his will ＿＿＿＿＿＿

2. 下線部には最もよくあてはまる語，また（　　）には適切な前置詞を入れなさい。

7. He came to his (s)＿＿＿＿＿＿. 彼は正気に戻った
8. This pen will (d)＿＿＿＿＿＿. このペンで十分役に立つ
9. a fault (　　　) our (p)＿＿＿＿＿＿ 私たちの側の過失
10. the (v)＿＿＿＿＿＿ man I was looking for　私が探していたまさにその男
11. (o)＿＿＿＿＿＿ a book (　　　) England　英国に本を注文する
12. (　　　) some (w)＿＿＿＿＿＿ they are right.　いくつかの点で彼らは正しい
13. I (m)＿＿＿＿＿＿ (　　　) call you sooner.　すぐに電話するつもりだった
14. (l)＿＿＿＿＿＿ the door open　ドアを開けたまま放置する
15. a (m)＿＿＿＿＿＿ important point　非常に重要な点
16. (T)＿＿＿＿＿＿ have changed.　状況は変わった
17. an excited (s)＿＿＿＿＿＿ of mind　興奮した精神状態
18. I cannot (h)＿＿＿＿＿＿ laughing.　笑わずにはいられない

3. [　　] にあてはまる適切な単語を選択肢の中から１つ選びなさい。

19. She is [　　　] asleep.　彼女はぐっすり眠っている
①sharp　②solid　③sore　④sound　＿＿＿

20. The island is a long [　　　] off.　その島までは距離が遠い
①close　②part　③right　④way　＿＿＿

21. [　　　] for others　他人への思いやり
①compromise　②concept　③concern　④content　＿＿＿

22. a [　　　] better idea　さらによい考え
①right　②sharply　③still　④strikingly　＿＿＿

23. He is [　　　] to me.　彼は私に意地悪だ
①keen　②kidding　③mean　④meant　＿＿＿

24. [　　　] an opinion　意見を述べる
①charge　②follow　③pose　④state　＿＿＿

4. 次の日本語を英語にしなさい。

25. その地域に害を与える　＿＿＿＿＿＿＿＿

26. 経済で役割を果たす　＿＿＿＿＿＿＿＿

27. 彼の本当の性格　＿＿＿＿＿＿＿＿

28. 法と秩序　＿＿＿＿＿＿＿＿

29. 好きだ。本気で言ってるんだ。　＿＿＿＿＿＿＿＿

30. 歩くのはいやではない。　＿＿＿＿＿＿＿＿

『システム英単語〈5訂版〉』p. 332 ~ 335　解答冊子 p. 72

11 多義語の Brush Up No. 41 ~ 60　／30

1. 次の各フレーズの下線の語の意味を答えなさい。

1. the cause of the failure ＿＿＿＿
2. the future of humanity ＿＿＿＿
3. the people present ＿＿＿＿
4. works of art ＿＿＿＿
5. This plan will work. ＿＿＿＿
6. leading artists ＿＿＿＿
7. middle-class families ＿＿＿＿

2. 下線部には最もよくあてはまる語，また（　）には適切な前置詞を入れなさい。

8. soft (m)＿＿＿＿　やわらかい物質
9. Something is the (m)＿＿＿＿ (　　) my car.　私の車はどこか異常だ
10. be (c)＿＿＿＿ (　　) the result　結果に満足している
11. in some (r)＿＿＿＿　いくつかの点で
12. make a (f)＿＿＿＿ in oil　石油で財産を築く
13. fill out the application (f)＿＿＿＿　申込用紙に記入する
14. (p)＿＿＿＿ the winner (　　) the prize　勝者に賞を与える
15. One thing (l)＿＿＿＿ (　　) another.　ひとつの事が別の事を引き起こす
16. his (n)＿＿＿＿ abilities　彼の生まれながらの才能
17. (f)＿＿＿＿ them (　　) work　彼らを労働から解放する

3. [　　] にあてはまる適切な単語を選択肢の中から１つ選びなさい。

18. It doesn't [　　　] what he says.　彼が何と言おうと重要ではない
①follow　②matter　③mean　④turn　＿＿＿

19. He lost all [　　　].　彼はすっかり理性を失った
①nature　②reason　③soul　④vision　＿＿＿

20. advance the [　　　] of peace　平和運動を推進する
①candidate　②career　③cause　④community　＿＿＿

21. They [　　　] that the earth is flat.　彼らは地球は平らだと考える
①fix　②form　③hire　④hold　＿＿＿

4. 次の日本語を英語にしなさい。

22. コミュニケーションの手段　＿＿＿＿＿＿＿＿

23. 資産家　＿＿＿＿＿＿＿＿

24. 多くの問題を引き起こす　＿＿＿＿＿＿＿＿

25. 目的を果たす手段　＿＿＿＿＿＿＿＿

26. おつりはいりません　＿＿＿＿＿＿＿＿

27. 現在と未来　＿＿＿＿＿＿＿＿

28. 月には生物がいない　＿＿＿＿＿＿＿＿

29. 君が何と言おうと気にしない。　＿＿＿＿＿＿＿＿

30. 授業中にいねむりする　＿＿＿＿＿＿＿＿

『システム英単語〈5訂版〉』p. 335 ～ 339　解答冊子 p. 73

72 多義語の Brush Up No. 61 ～ 80　／30

1. 次の各フレーズの下線の語の意味を答えなさい。

1. the chance of making them angry ＿＿＿＿＿＿
2. protect workers' interests ＿＿＿＿＿＿
3. a large amount of water ＿＿＿＿＿＿
4. fine sand on the beach ＿＿＿＿＿＿

2. 下線部には最もよくあてはまる語，また（　）には適切な前置詞を入れなさい。

5. (h)＿＿＿＿＿＿ straight (　　　) Paris　まっすぐパリに向かう
6. (d)＿＿＿＿＿＿ (　　　) the problem　問題を処理する
7. my (v)＿＿＿＿＿＿ (　　　) education　教育に関する私の見解
8. (v)＿＿＿＿＿＿ Japan (　　　) a safe society　日本を安全な社会と考える
9. (f)＿＿＿＿＿＿ (　　　) understand him　彼を理解できない
10. British colonial (r)＿＿＿＿＿＿　イギリスの植民地支配
11. The expenses (a)＿＿＿＿＿＿ (　　　) $90.　経費は合計 90 ドルになる
12. (l)＿＿＿＿＿＿ (　　　) world peace　世界平和を切望する
13. wait (　　　) (l)＿＿＿＿＿＿　1 列に並んで待つ
14. People are (s)＿＿＿＿＿＿ (　　　) the law.　人は法に支配される
15. the (f)＿＿＿＿＿＿ (　　　) speeding　スピード違反の罰金
16. Please (r)＿＿＿＿＿＿ me (　　　) your wife.　奥さんによろしく伝えてください

3. 次の単語の意味として適切なものを選択肢の中から 1 つ選びなさい。

17. wear (My shoes have worn thin.)
　①すり減る　②縮む　③ぴったりだ　＿＿＿＿

4. [　　] にあてはまる適切な単語を選択肢の中から１つ選びなさい。

18. a great [　　　] of data　大量のデータ
① damp　② deal　③ deed　④ dose　＿＿＿＿

19. a [　　　] examination　綿密な検査
① clinical　② close　③ collective　④ common　＿＿＿＿

20. Small families are the [　　　] in Japan.　日本では小家族が普通だ
① commonly　② object　③ rule　④ usually　＿＿＿＿

21. how to [　　　] meat　肉を加工する方法
① process　② settle　③ stick　④ work　＿＿＿＿

5. 次の日本語を英語にしなさい。

22. 親しい友達　＿＿＿＿＿＿＿＿
23. 経済学を専攻する　＿＿＿＿＿＿＿＿
24. 彼の提案に同意する　＿＿＿＿＿＿＿＿
25. 私も君と同じ考えである。　＿＿＿＿＿＿＿＿
26. 電話が話し中だ。　＿＿＿＿＿＿＿＿
27. ６文字の単語　＿＿＿＿＿＿＿＿
28. 好きな学科は数学です。　＿＿＿＿＿＿＿＿
29. 彼の残りの人生　＿＿＿＿＿＿＿＿
30. 休息をとろう。　＿＿＿＿＿＿＿＿

『システム英単語〈5訂版〉』p. 339～342　解答冊子 p. 74

73 多義語の Brush Up No. 81～100

／30

1. 次の各フレーズの下線の語の意味を答えなさい。

1. book a flight ＿＿＿＿＿＿
2. account for the difference ＿＿＿＿＿＿
3. fire into the crowd ＿＿＿＿＿＿
4. a strange flying object ＿＿＿＿＿＿
5. an object of study ＿＿＿＿＿＿
6. manage a big company ＿＿＿＿＿＿
7. He has a lot of faults. ＿＿＿＿＿＿
8. maintain that he is innocent ＿＿＿＿＿＿

2. 下線部には最もよくあてはまる語，また（　　）には適切な前置詞を入れなさい。

9. The insurance (c)＿＿＿＿＿＿ the cost.　保険で費用をまかなう
10. Black people (a)＿＿＿＿＿＿ (　　　　) 10% of the population.　黒人が人口の 10% を占める
11. the (a)＿＿＿＿＿＿ of writing　書く技術
12. He was (f)＿＿＿＿＿＿ (　　　　) his job.　彼は仕事をクビになった
13. (m)＿＿＿＿＿＿ (　　　　) catch the train　なんとか列車に間に合う
14. (a)＿＿＿＿＿＿ responsibility　責任を引き受ける
15. (d)＿＿＿＿＿＿ her (　　　　) the station　彼女に駅への道を教える
16. He is tired (d)＿＿＿＿＿＿ (　　　　) lack of sleep.　彼は睡眠不足のせいで疲れている
17. (　　　　) a scientific (m)＿＿＿＿＿＿　科学的な方法で

3. 次の単語の意味として適切なものを選択肢の中から１つ選びなさい。

18. cover (cover the big news)
①をかくす　②を編集する　③を報道する ＿＿＿＿
19. store (store information in a computer)
①を検索する　②を開示する　③を蓄える ＿＿＿＿
20. save (save money for a new house)
①を蓄える　②を使う　③を投資する ＿＿＿＿
21. serve (serve many purposes)
①を達成する　②を持つ　③に役立つ ＿＿＿＿
22. assume (assume that money can buy happiness)
①を疑う　②と思い込む　③と主張する ＿＿＿＿
23. due (The train is due to arrive at ten.)
①かもしれない　②むずかしい　③予定だ ＿＿＿＿
24. manner (It's bad manners to spit.)
①身体　②行儀　③方法 ＿＿＿＿
25. strike (The man struck me as strange.)
①印象を与える　②一撃を加える　③考えを述べる ＿＿＿＿

4. [　　] にあてはまる適切な単語を選択肢の中から１つ選びなさい。

26. If he fails, it'll be my [　　　]. 彼が失敗したら私の責任だ
① failure　② fate　③ fault　④ feat ＿＿＿＿
27. [　　　] power over people　人々に対し権力を用いる
① exclaim　② exercise　③ expand　④ expire ＿＿＿＿

5. 次の日本語を英語にしなさい。

28. 時間と手間を省く ＿＿＿＿＿＿＿＿
29. 彼が酒を飲むのに反対する ＿＿＿＿＿＿＿＿
30. かなり長い間 ＿＿＿＿＿＿＿＿

『システム英単語〈5訂版〉』p. 342 ~ 345　解答冊子 p. 75

74 多義語の Brush Up No. 101 ~ 120　／30

1. 次の各フレーズの下線の語の意味を答えなさい。

1. a firm belief ＿＿＿＿
2. bear the pain ＿＿＿＿
3. conduct an experiment ＿＿＿＿
4. learn a lesson from the failure ＿＿＿＿
5. deny the existence of God ＿＿＿＿

2. 下線部には最もよくあてはまる語，また（　）には適切な前置詞を入れなさい。

6. have a good (c)＿＿＿＿ of English　英語をうまくあやつる能力がある
7. (s)＿＿＿＿ (　　) the schedule　予定を守る
8. (　　) a similar (f)＿＿＿＿　同じようなやり方で
9. He is (　　) (c)＿＿＿＿ (　　) the case.　彼がその事件の担当だ
10. be (c)＿＿＿＿ (　　) murder　殺人で告訴される
11. agree (　　) some (d)＿＿＿＿　ある程度まで同意する

3. 次の単語の意味として適切なものを選択肢の中から１つ選びなさい。

12. article (an article for sale)
①看板　②広告　③品物 ＿＿＿＿
13. measure (take strong measures)
①計器　②手段　③専門家 ＿＿＿＿
14. stick (get stuck on a crowded train)
①動けなくなる　②たどり着く　③通勤する ＿＿＿＿
15. fix (I'll fix you a drink.)
①を買ってくる　②を出す　③を作る ＿＿＿＿
16. charge (free of charge)
①責任　②損失　③料金 ＿＿＿＿

17. word (I'll keep my word.)
①規則　②自分の世界　③約束　＿＿＿
18. deny (deny them their civil rights)
①を与えない　②を提示する　③を保証する　＿＿＿
19. break (take a break for a cup of tea)
①機会　②失敗　③休み　＿＿＿

4. [　] にあてはまる適切な単語を選択肢の中から１つ選びなさい。

20. work for a big [　　] 大きな会社に勤める
① fame　② farm　③ firm　④ fund　＿＿＿
21. That's what [　　]. それが重要なことだ
① cares　② commit　③ costs　④ counts　＿＿＿
22. [　　] his talent 彼の才能を高く評価する
① applaud　② apply　③ appoint　④ appreciate　＿＿＿
23. The hill [　　] a fine view. 丘からいい景色を見わたせる
① commands　② commits　③ commute　④ conducts　＿＿＿
24. add a [　　] of spice スパイスを少し加える
① toll　② tongue　③ torture　④ touch　＿＿＿

5. 次の日本語を英語にしなさい。

25. 新聞の記事 ＿＿＿＿＿＿＿＿
26. 君の助けに感謝する。 ＿＿＿＿＿＿＿＿
27. 固定された点 ＿＿＿＿＿＿＿＿
28. 彗星を観察する ＿＿＿＿＿＿＿＿
29. 電話で彼に連絡をとる ＿＿＿＿＿＿＿＿
30. 言語の本質 ＿＿＿＿＿＿＿＿

『システム英単語〈5訂版〉』p. 346 ~ 349　解答冊子 p. 76

15 多義語の Brush Up　No. 121 ~ 140　／30

1. 次の各フレーズの下線の語の意味を答えなさい。

1. the opening address ＿＿＿＿＿＿
2. the freedom of the press ＿＿＿＿＿＿
3. I lived there once. ＿＿＿＿＿＿
4. a flat surface ＿＿＿＿＿＿
5. have no spare money ＿＿＿＿＿＿

2. 下線部には最もよくあてはまる語，また（　）には適切な前置詞を入れなさい。

6. a letter (a)＿＿＿＿＿＿ to him　彼に宛てられた手紙
7. feel (p)＿＿＿＿＿＿ (　　　) the victims　犠牲者に同情する
8. (b)＿＿＿＿＿＿ the champion　チャンピオンに勝つ
9. (p)＿＿＿＿＿＿ (　　　) that it is wrong　それは誤りだと指摘する
10. There's no (p)＿＿＿＿＿＿ (　　　) writing it.　それを書く意味はない
11. (O)＿＿＿＿＿＿ she arrives, we can start.　彼女が来るとすぐ我々は出発できる
12. She is (　　　) a (d)＿＿＿＿＿＿.　彼女は食事制限をしている
13. a (s)＿＿＿＿＿＿ of bird　一種の鳥
14. He is (b)＿＿＿＿＿＿ (　　　) fail.　彼はきっと失敗する
15. The plane is (b)＿＿＿＿＿＿ (　　　) Guam.　その飛行機はグアム行きだ
16. (s)＿＿＿＿＿＿ him a few minutes　彼のために少し時間を割く
17. speak in a foreign (t)＿＿＿＿＿＿　外国の言葉でしゃべる
18. (s)＿＿＿＿＿＿ (　　　) the crown　王位を受け継ぐ

3. 次の単語の意味として適切なものを選択肢の中から1つ選びなさい。

19. item (an expensive item)
①記事　②品物　③人物　＿＿＿＿

20. capital (labor and capital)
①経費　②資本　③人材　＿＿＿＿

4. [　　] にあてはまる適切な単語を選択肢の中から1つ選びなさい。

21. [　　] climate change　気候変動に取り組む
① adapt　② address　③ adjust　④ approve　＿＿＿＿

22. cash a [　　]　小切手を現金に換える
① bill　② charge　③ check　④ stamp　＿＿＿＿

23. Meg is a [　　] girl.　メグは賢い子だ
① brave　② bright　③ light　④ lively　＿＿＿＿

24. The case went to [　　].　その事件は裁判になった
① council　② court　③ party　④ policy　＿＿＿＿

25. [　　] for the discovery　その発見の功績
① craft　② credit　③ part　④ portion　＿＿＿＿

5. 次の日本語を英語にしなさい。

26. 彼が来られないのは残念なことだ。　＿＿＿＿＿＿＿＿
27. 健康的な食事　＿＿＿＿＿＿＿＿
28. 経済学の論文を書く　＿＿＿＿＿＿＿＿
29. ディナーの勘定書　＿＿＿＿＿＿＿＿
30. オーストラリアの首都　＿＿＿＿＿＿＿＿

『システム英単語〈5訂版〉』p. 349 ~ 352　解答冊子 p. 77

76 多義語の Brush Up No. 141 ~ 160　／30

1. 次の各フレーズの下線の語の意味を答えなさい。

1. They all went out but me. ＿＿＿＿
2. scientists of many disciplines ＿＿＿＿
3. an electricity bill ＿＿＿＿
4. She got mad at me. ＿＿＿＿
5. feel no shame ＿＿＿＿
6. English with an Italian accent ＿＿＿＿
7. the late Mr. Ford ＿＿＿＿

2. 下線部には最もよくあてはまる語，また（　）には適切な前置詞を入れなさい。

8. (g)＿＿＿＿ the present conditions　現状を考慮すると
9. Honesty doesn't always (p)＿＿＿＿.　正直は割に合うとは限らない
10. a (g)＿＿＿＿ many people　かなり多くの人
11. (y)＿＿＿＿ (　　　) pressure　圧力に屈する
12. (r)＿＿＿＿ three children　3人の子供を育てる
13. What a (s)＿＿＿＿!　なんと残念なことか
14. (d)＿＿＿＿ the dog (　　　)　犬を追い払う

3. 次の単語の意味として適切なものを選択肢の中から1つ選びなさい。

15. vision (a vision of the city)
    ①風景　②訪問　③未来像 ＿＿＿＿
16. given (in a given situation)
    ①固定された　②推定された　③特定の ＿＿＿＿
17. bill (a ten dollar bill)
    ①切手　②小切手　③紙幣 ＿＿＿＿

18. board (the school board)
①委員会　②規則　③掲示板　＿＿＿

19. waste (industrial waste)
①界　②廃棄物　③利用　＿＿＿

20. drive (my strong drive to succeed)
①嫌悪　②本能　③欲求　＿＿＿

4. [　　] にあてはまる適切な単語を選択肢の中から１つ選びなさい。

21. [　　] the dispute　紛争を解決する
① account　② address　③ note　④ settle　＿＿＿

22. I have [　　] one question.　１つだけ質問がある
① besides　② but　③ save　④ still　＿＿＿

23. teach students [　　]　学生に規律を教える
① diploma　② discipline　③ discourse　④ distinction　＿＿＿

24. [　　] from poverty　貧困に対する救済
① release　② relief　③ remedy　④ reserve　＿＿＿

25. [　　] food and wood　食料や木材を産出する
① cover　② move　③ process　④ yield　＿＿＿

26. [　　] restaurant　高級レストラン
① familiar　② fancy　③ fascinating　④ financial　＿＿＿

27. He will [　　] a good teacher.　彼はよい教師になるだろう
① form　② make　③ move　④ view　＿＿＿

5. 次の日本語を英語にしなさい。

28. アメリカに定住する　＿＿＿＿＿＿＿＿

29. 同じ仕事に対する同じ給料　＿＿＿＿＿＿＿＿

30. お金を浪費する　＿＿＿＿＿＿＿＿

『システム英単語〈5訂版〉』p. 352 ～ 356　解答冊子 p. 78

11 多義語の Brush Up No. 161 ～ 184 ／30

1. 次の各フレーズの下線の語の意味を答えなさい。

1. virtue and vice ＿＿＿＿
2. a five-story building ＿＿＿＿
3. go to the gym to keep fit ＿＿＿＿
4. a ten-pound note ＿＿＿＿
5. the authority of the state ＿＿＿＿
6. Consider a fruit, say, an orange. ＿＿＿＿
7. minute differences ＿＿＿＿
8. a death sentence ＿＿＿＿
9. a gifted pianist ＿＿＿＿
10. We've been conditioned to believe that busier is better. ＿＿＿＿

2. 下線部には最もよくあてはまる語，また（　　）には適切な前置詞を入れなさい。

11. play a (t)＿＿＿＿ (　　　) the teacher　先生にいたずらする
12. He is (n)＿＿＿＿ (　　　) his intelligence.　彼は知的なことで有名だ
13. (c)＿＿＿＿ group　実験の対照群
14. apples, peaches, and the (l)＿＿＿＿　リンゴや桃など
15. She cast a (s)＿＿＿＿ on me.　彼女は私に魔法をかけた
16. an (a)＿＿＿＿ of confidence　自信がある様子

3. 次の単語の意味として適切なものを選択肢の中から１つ選びなさい。

17. lot (She accepted her lot.)
    ①運命　②多くのもの　③順序 ＿＿＿＿
18. trick (trick him into buying the pot)
    ①を脅す　②を説得する　③をだます ＿＿＿＿

19. spring (New companies will spring up there.)
①移転する ②出現する ③目をつける ______

20. note (take notes on what you hear)
①記憶 ②ノート ③メモ ______

21. fast (She is fast asleep.)
①うとうと ②ぐっすり ③ほとんど ______

22. spell (a long dry spell)
①続き ②対策 ③の季節 ______

4. [ ] にあてはまる適切な単語を選択肢の中から１つ選びなさい。

23. [ ] control 軍備制限
① alarm ② allies ③ amateur ④ arms ______

24. [ ] a problem 問題を引き起こす
① leave ② pose ③ process ④ run ______

25. [ ] that the book is non-fiction. その本は実話だということに注意しなさい
① Fancy ② Note ③ Observe ④ Review ______

26. [ ] a new term 新語を作り出す
① coin ② commit ③ coincide ④ construct ______

27. go hunting for big [ ] 大きな獲物を狩りに行く
① game ② garment ③ gift ④ grant ______

5. 次の日本語を英語にしなさい。

28. 彼女の肉体と魂 ______

29. 副大統領 ______

30. 彼女は私の話に感動した。 ______

システム英単語〈5訂版対応〉チェック問題集

著者	霜　康司
	刀祢雅彦
発行者	山﨑良子
印刷・製本	株式会社日本制作センター

発行所	駿台文庫株式会社

〒101-0062　東京都千代田区神田駿河台1-7-4
小畑ビル内
TEL. 編集　03(5259)3302
販売　03(5259)3301
《⑤－244pp.》

©Yasushi Shimo and Masahiko Tone 2012

許可なく本書の一部または全部を，複製，複写，デジタル化する等の行為を禁じます。

落丁・乱丁がございましたら，送料小社負担にてお取替えいたします。

ISBN978-4-7961-1139-3　　Printed in Japan

駿台文庫 Web サイト
https://www.sundaibunko.jp

A SYSTEMATIC APPROACH TO ENGLISH WORDS

5th Edition

EXERCISE BOOK

解答編

駿台文庫

解答や解説の後ろにある（　）内の番号は，『システム英単語〈5訂版〉』での単語番号を表しています。

『システム英単語〈5訂版〉』p. 2～7　問題冊子 p. 8

Fundamental Stage No. 1～30

1. 1．を予期する（4）　2．続く（8）　3．と提案する（16）
4．を支持する（25）　5．を向上させる（29）

2. 6．increase ／ by（3）　7．reach（11）　8．forced ／ to（13）
9．worry ／ about（18）　10．depends ／ on（22）　11．share ／ with（23）

3. 12．exclude ⇔ **include**（9）　13．permit（364）／ let ＝ **allow**（12）
14．basic（28）　15．recognition（30）

4. 16．①（2）　17．②（10）　18．②（15）　19．③（26）

5. 20．④（6）　21．③（14）　22．③（17）　23．①（24）

6. 24．follow her advice（1）　25．decide to tell the truth（5）
26．provide him with information（7）　27．wonder where he has gone（19）
28．The car cost me $50,000.（20）　29．tend to get angry（21）
30．regard him as a friend（27）

1．② [au]　★ allow の ow の発音は出題頻度トップだから絶対におぼえよう。（12）
① low [lóu]　② how [háu]　③ call [kɔ́ːl]　④ road [róud]

2．I demanded that he (should) tell me the answer.
「私は彼が私に答を言うことを要求した」
★ demand ＋ that S（should）＋原形 V で「S が V することを要求する」の意味になる。
demand ＋ O ＋ to V という形はありそうでないから正誤問題などでねらわれる。（24）

3．②「この冬休みにまだハワイに行くつもりですか」
「はい，私と行くのを考えてほしいです」
★ consider は目的語に Ving をとる。to V はとらないから注意しよう。（2）

『システム英単語〈5訂版〉』p. 8 ～ 14　問題冊子 p. 10

2 Fundamental Stage No. 31～60

1. 1．を減らす (39)　2．をあつかう (44)　3．を設立する (45)
4．を得る (51)　5．について述べる (60)

2. 6．supposed ／ to (32)　7．prefer ／ to (34)　8．cheer ／ up (35)
9．suffer (36)　10. refer ／ to (49)　11. supply ／ with (50)
12. search ／ for (55)

3. 13. description (37)　14. discourage ⇔ **encourage** (42)
15. proof (43)　16. response (59)

4. 17. ① (31)　18. ① (46)　19. ③ (48)　20. ① (53)　21. ② (56)

5. 22. ③ (33)　23. ① (41)　24. ③ (54)

6. 25. prevent him from sleeping (38)　26. mistake salt for sugar (40)
27. compare Japan with China (47)　28. destroy forests (52)
29. draw a map (57)　30. refuse to give up hope (58)

1．① 「あなたが大統領だとしたら何をしますか」
★ suppose (that) + S V で if + S V と同じように仮定の意味を表す。(32)

2．④　★① regárd (27)　② refér (49)　③ prefér (34)　④ súffer (36)
④だけが第 1 音節にアクセントがある。

『システム英単語〈5訂版〉』p. 14 ～ 19　問題冊子 p. 12

3 Fundamental Stage No. 61～90

1. 1. を認める (63)　2. を反映する (64)　3. を養う (75)
4. を明らかにする (78)

2. 5. judge／by (61)　6. belongs／to (72)　7. aim／at (82)
8. afford／to (85)

3. 9. survival (67)　10. stand for (68)　11. take the place of (77)
12. various／varied (88)

4. 13. ① (65)　14. ② (71)　15. ② (73)　16. ② (84)　17. ③ (86)
18. ② (89)

5. 19. ② (62)　20. ② (69)　21. ④ (74)　22. ④ (80)　23. ① (81)
24. ② (83)

6. 25. a very boring movie (66)　26. take freedom for granted (70)
27. escape from reality (76)　28. Japan is surrounded by the sea. (79)
29. graduate from high school (87)　30. insist on going to France (90)

1. ② 「私たちはこの計画がすぐに実行されることを要求した」
★ insist が「～を要求する」という意味を持つときは that 節の動詞は原形か should ＋ V になる。(90)

2. ③ 「いつも家にいる人はすべてにうんざりする」
★ be fed up with A「A にうんざりしている」は be tired of A に近い意味。この問いのように get fed up with A になると「A にうんざりする」の意味になる。(75)

『システム英単語〈5訂版〉』p. 19～25　問題冊子 p. 14

4 Fundamental Stage No. 91～120

1. 1．に匹敵する（96）　2．を傷つける（108）　3．に感嘆する（114）
4．を保護する（117）

2. 5．remind ／ of（92）　6．focus ／ on（97）　7．associated ／ with（100）
8．rely ／ on（104）　9．blame ／ for（111）　10．consists ／ of（112）
11．disappointed ／ with（115）

3. 12．look into ／ go into ／ go over（91）
13．conviction（99）　14．attractive（103）　15．extent（110）

4. 16．②（95）　17．①（101）　18．②（106）　19．②（109）　20．①（119）

5. 21．④（94）　22．①（102）　23．③（107）　24．④（116）　25．④（120）

6. 26．contribute to world peace（93）　27．reject the proposal（98）
28．regret leaving home（105）　29．persuade them to go back（113）
30．struggle to get free（118）

1．③「彼らは30日の月10個で構成される暦を持っていたと言われる」
★ A consist of B ＝ A be made up of B「A が B で構成されている」（112）
★この問題では consisting of B の形で名詞を修飾している。made は過去分詞なので名詞を修飾できる。

2．「CO_2 は地球温暖化の一因だ」
★このように contribute to が悪いことに対して使われるときは「～の一因［原因］となる」と訳すといい。（93）

『システム英単語〈5訂版〉』p. 25～31　問題冊子 p. 16

Fundamental Stage No. 121～150

1. 1．に出会う（125）　2．を組み合わせる（132）　3．を修理する（134）
4．驚異的な（140）

2. 5．engage ／ in（122）　6．amuse（126）　7．concentrate ／ on（128）
8．Pardon（136）　9．release ／ from（142）　10. suspect（145）
11. located ／ in（148）

3. 12. export ⇔ **import**（137）　13. remarkable（138）　14. recovery（144）
15. delivery（146）

4. 16. ③（130）　17. ①（131）　18. ①（149）

5. 19. ②（121）　20. ①（123）　21. ③（124）　22. ①（135）　23. ④（141）
24. ②（150）

6. 25. Sorry to bother you, but ...（127）　26. adapt to a new culture（129）
27. delay his arrival（133）　28. reserve a room at a hotel（139）
29. rent an apartment（143）　30. identify people by their eyes（147）

⑴ ②
チャーリー「よかったら皿洗いはぼくがやるよ」
ジーン「(　　　) あとで自分でできるから」
★ **don't bother** は「わざわざしてくれなくてもいいよ」の意。(127)

⑵ ① 「ひどい雪なので彼女が間に合うかどうかわからない」
★ **suspect that ＋ S V** は「S が V するだろうと思う」, **doubt if ＋ S V** は「S が V するかどうか疑問だ」の意味。(145)

『システム英単語〈5訂版〉』p. 31 ～ 37　問題冊子 p. 18

6 Fundamental Stage No. 151～180

1. 1．に気づく（155）　2．を広げる（165）　3．価値（179）

2. 4．exposed / to（152）　5．translate / into（153）　6．cure / of（154）
7．adjust / to（156）　8．assist（158）　9．embarrassed（162）
10．approve / of（163）　11．weigh（164）　12．decorated / with（170）
13．forgive / for（171）　14．seated（172）

3. 15．②（151）　16．②（161）　17．③（177）

4. 18．①（157）　19．③（167）　20．①（169）　21．②（174）　22．①（176）
23．③（180）

5. 24．凍った小川（159）

6. 25．spoil the party（160）　26．participate in the meeting（166）
27．I owe my success to you.（168）　28．be injured in the accident（173）
29．the result of the test（175）　30．a water wheel（178）

PLUS

1．②「彼女は死ぬ前の週，テニスの試合に参加した」
★ take part in A = participate in A「A に参加する」（166）

2．(1) ④「その試合は延長のすえ，ゴールなしの引き分けに終わった」
★ A result in B「A〈原因・プロセス〉が B という結果になる」= B result from A「B が A から生じる」（175）

(2) ②「あなたのきわめて貴重な助けがなかったら，私は太平洋横断に失敗していたでしょう」
★ invaluable は「価値を決められないほど価値がある」という意味。valueless は「無価値な」。（179）

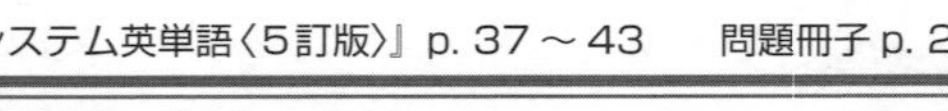
『システム英単語〈5訂版〉』p. 37～43　問題冊子 p. 20

7 Fundamental Stage No. 181～210

1. 1. きざし (185)　2. 物質 (189)　3. 工業 (190)
4. 一節 (196)　5. 役人 (200)　6. 外見 (208)

2. 7. influence ／ on (182)　8. fee (183)　9. at ／ rate (184)
10. progress ／ in (193)　11. appointment ／ with (204)

3. 12. impatient ⇔ **patient** 名 (205)　13. beneficial (210)

4. 14. ① (181)　15. ① (188)　16. ③ (192)　17. ② (195)　18. ③ (198)
19. ① (202)　20. ③ (203)　21. ② (206)

5. 22. ② (186)　23. ③ (191)　24. ④ (194)　25. ① (201)

6. 26. advances in technology (187)　27. the market economy (197)
28. use public transportation (199)　29. Would you do me a favor? (207)
30. run the risk of losing money (209)

PLUS

1. ③ 「穀物の需要が増えると推定される」(206)

2. (1) ③ ★ ask a favor of A「A に頼みごとをする」(207)

(2) ① 「昨日の朝シゲルはひどい歯痛を感じたので，歯科医に午後の予約をした」

★ appointment (204) は人と会う約束のことで，診察の予約などにも使う。promise は何かをするという約束で，医者の予約などには用いない。reservation はホテルやレストランや電車などの予約に使う。

(3) ② 「入場料はとても高いが，彼はその展示を見たいと思っている」

★ fee (183) は授業料，入場料など。fare「運賃」(1038)，wage「賃金」(936)。

『システム英単語〈5訂版〉』p. 43 ～ 48　問題冊子 p. 22

8 Fundamental Stage No. 211～240

1. 1. 住民（211）　2. 親戚（212）　3. 原則（218）
4. 現場（221）　5. 手段（224）　6. 喜び（237）
7. 砂漠（238）　8. 経歴（239）

2. 9. twins（216）　10. on ／ occasions（217）　11. jams（222）
12. quarter（230）　13. furniture（231）　14. reward ／ for（235）
15. trend ／ toward（240）

3. 16. massive（225）　17. elementary（227）　18. secure（236）

4. 19. ②（213）　20. ③（214）　21. ①（220）　22. ②（223）　23. ②（233）

5. 24. ①（219）　25. ④（229）

6. 26. feel a sharp pain（215）　27. gather a large audience（226）
28. global climate change（228）　29. the human brain（232）
30. private property（234）

PLUS

1. ③　★ dessert のみ [z] と発音する。他は [s]。ss を [z] と発音するものは少ない。

2. ①　「私たちのアパートには家具が多すぎる」
★ furniture は不可算名詞なので，many を付けられないし，複数形にもならない。(231)

『システム英単語〈5訂版〉』p. 48 ～ 54　問題冊子 p. 24

Fundamental Stage No. 241 ～ 270

1. 1．交流（244）　2．肉体の（264）　3．明白な（269）

2. 4．impact ／ on（242）　5．alternative ／ to（245）　6．likely ／ to（256）
7．available ／ to（259）　8．familiar ／ with（263）　9．involved ／ in（266）

3. 10. ability = **capacity**（248）　11. voluntary（250）
12. quality（406）⇔ **quantity**（252）　13. smooth ⇔ **rough**（255）
14. public ⇔ **private**（268）

4. 15. ③（241）　16. ②（257）　17. ①（258）

5. 18. ②（243）　19. ②（247）　20. ②（249）　21. ③（253）
22. ④（262）　23. ①（267）　24. ③（270）

6. 25. do no harm to children（246）　26. have access to the Internet（251）
27. a common language（254）　28. bilingual children（260）
29. I am ready to start.（261）　30. The book is worth reading.（265）

(1) ③「これらのふたつの植物はほとんどすべての点でちがう。ただひとつ共通している特徴はかわいた土が必要だということだ」

★ have A in common「A を共有している」（254）

(2) ③「マーガレットはすべての授業が好きだったが，特に音楽の授業が楽しかった」

★ in particular「特に」（258）

(3) ②「彼の医者としての評判は私たちによく知られている」

★ A be familiar with B「A が B をよく知っている」＝ B be familiar to A「B が A によく知られている」（263）

『システム英単語〈5訂版〉』p. 54 ~ 60　問題冊子 p. 26

10 Fundamental Stage No. 271 ~ 300

1. 1. 適切な（275）　2. 化学的な（282）　3. 特定の（286）
4. 理にかなった（292）　5. 道徳的な（297）　6. 悪い（300）

2. 7. capable ／ of（276）　8. independent ／ of（277）　9. superior ／ to（288）

3. 10. female ⇔ **male**（274）　11. negative（296）⇔ **positive**（278）
12. pleasure（279）　13. following ⇔ **previous**（284）
14. efficiency（289）

4. 15. ③（271）　16. ②（280）　17. ②（283）　18. ③（285）　19. ①（293）
20. ②（294）　21. ③（299）

5. 22. ④（273）　23. ②（287）　24. ①（291）　25. ③（296）　26. ①（298）

6. 27. I'm willing to pay for good food.（272）　28. the former president（281）
29. fundamental human rights（290）　30. domestic violence（295）

PLUS

1. (1) ④ 「彼が試験に受かったと聞いてうれしい」
★ **joyful**, **delightful** は「〈人が〉うれしい」の意味ではなく，「〈人を〉よろこばせる」の意味なので，ここにはあてはまらない。
(2) ③ 「みんなが無事に帰ったのを知って私はうれしい」
★ **pleasant**（279）や **delightful** は「〈人を〉楽しませる」の意味なのでこの問いには不適。

2. (1) ① ★ [e] の音があるのは correct だけ。（262）
(2) ② ★下線部の発音は [ɑː]。（285）

『システム英単語〈5訂版〉』p. 60 ～ 67　問題冊子 p. 28

11 Fundamental Stage No. 301～330

1. 1．ぴったり（314）　2．ひょっとすると（315）　3．たまに（317）

2. 4．anxious ／ about（303）　5．legal（306）　6．curious ／ about（307）
7．senior（310）　8．contrary ／ to（316）　9．throughout（321）
10．within ／ of（325）　11．ought ／ to（329）　12．in ／ spite ／ of（330）

3. 13．awaken（301）

4. 14．②（304）　15．①（313）　16．③（326）　17．①（327）

5. 18．①（302）　19．①（311）　20．②（312）　21．④（320）　22．③（322）
23．③（323）　24．④（324）　25．②（328）

6. 26．nuclear energy（305）　27．civil rights（308）
28．according to a recent study（309）　29．Somehow I feel lonely.（318）
30．I seldom see him.（319）

PLUS
④　★下線部の発音は [ʌf]。(304)

『システム英単語〈5訂版〉』p. 67 ~ 74　問題冊子 p. 30

12 Fundamental Stage No. 331 ~ 360

1. 1．を生産する (334)　2．を表現する (336)　3．を決定する (342)
4．を含んでいる (344)　5．を達成する (351)　6．異なる (357)

2. 7．add ／ to (337)　8．protect ／ from (340)　9．enable ／ to (352)
10. divide ／ into (355)　11. annoys (356)

3. 12. explanation (332)　13. reject (98) ／ refuse (58) ⇔ **accept** (333)
14. solution (343)　15. satisfaction (349)　16. complaint (350)

4. 17. ③ (346)　18. ① (354)　19. ② (358)

5. 20. ① (341)　21. ④ (347)　22. ③ (353)

6. 23. 本当かどうかわからない (331)

7. 24. Does God really exist? (335)　25. avoid making mistakes (338)
26. marry Mary (339)　27. discuss the problem with him (345)
28. exchange yen for dollars (348)　29. borrow a book from a friend (359)
30. invent a time machine (360)

PLUS

1．①

★ explain〈人〉to V は不可。Mary explained to her sister how to clean the window. とすれば OK。(332) 他の動詞は V ＋〈人〉＋ to V とできる。

★ leave A to V「A に V させておく」, persuade A to V「A に V するよう説得する」, tell A to V「A に V するように言う」, want A to V「A に V してほしい」。

2．④　★① expréss (336)　② displáy (124)　③ refér (49)　④ fóllow (1)
④だけ第 1 音節にアクセントがある。

3．③「私たちは大気汚染について話をした」

★ discuss about A は不可。(345)

『システム英単語〈5訂版〉』p. 74～78　問題冊子 p. 32

13 Fundamental Stage No. 361～390

1. 1．を勧める（365）　2．に対処する（372）　3．に打ち勝つ（376）
4．を吸収する（384）　5．を発表する（390）

2. 6．advise ／ to（362）　7．retire ／ from（363）　8．apologize ／ for（366）
9．inform ／ of（367）　10. praise ／ for（371）　11. criticize ／ for（375）
12. compete ／ for（388）

3. 13. permission（364）　14. resemblance（385）
15. consumption（387）

4. 16. ①（361）　17. ②（369）　18. ①（370）　19. ①（380）　20. ①（381）
21. ②（383）　22. ③（389）

5. 23. ④（368）　24. ③（373）　25. ②（377）　26. ③（382）　27. ④（386）

6. 28. breathe fresh air（374）　29. predict the future（378）
30. publish a book（379）

PLUS

(1) ①「あなたは，彼が彼の父親に似ていると思いますか」
★ resemble は状態動詞なので進行形にならない。また他動詞なので前置詞は不要。（385）

(2) ②「彼は来週，別の会議を行うことを提案した」
★ propose は that 節に原形 V または should V をとる。（373）

『システム英単語〈5訂版〉』p. 78 ～ 83　問題冊子 p. 34

14 Fundamental Stage No. 391～420

1. 1．歩き回る（392）　2．不足（404）　3．炭素（414）
4．形（415）　5．習慣（418）　6．細部（419）

2. 7．for ／ purposes（402）　8．attitude ／ toward（409）　9．opportunity ／ to（412）

3. 10. behave（403）　11. disadvantage ⇔ **advantage**（416）
12. distant（420）

4. 13. ②（397）　14. ①（398）　15. ②（405）　16. ②（406）　17. ①（411）
18. ③（417）

5. 19. ①（391）　20. ③（393）　21. ④（395）　22. ③（400）　23. ①（410）
24. ③（413）

6. 25. generate electricity（394）　26. the Japanese government（396）
27. make an effort to help him（399）　28. population growth（401）
29. the natural environment（407）　30. play an important role（408）

(1) ②「彼は彼女の親切につけこんだ」
★ **take advantage of A「Aを利用する」はこのように悪い意味で使うことがある。**(416)

(2) ①「多くのアメリカ人は野生生物のことを心配しており，捕鯨を禁止するのに，積極的な役割を果たしている」
★ **play a role in A [Ving]「A [Ving] で役割を果たす」**(408)

『システム英単語〈5訂版〉』p. 83～86　問題冊子 p. 36

15 Fundamental Stage No. 421～450

1. 1．例（422）　2．実験（428）　3．10年（430）
4．組織（439）　5．対比（442）　6．動物（446）

2. 7．responsibility ／ for（427）　8．athlete（429）　9．charity（450）

3. 10. crowded（421）

4. 11. ①（423）　12. ②（431）　13. ②（435）　14. ①（436）　15. ②（438）
16. ②（445）　17. ③（447）　18. ②（448）

5. 19. ③（425）　20. ④（426）　21. ②（432）　22. ①（434）　23. ②（440）
24. ②（443）　25. ④（444）

★19. ③ task は可算名詞なので a が付く。① labor も④ work も「仕事」の意味では不可算名詞だから a は付かない。

6. 26. the standard of living（424）　27. the theory of relativity（433）
28. the surface of the earth（437）　29. natural resources（441）
30. lose weight（449）

1．②　★ oo を [ʌ] と発音するのは flood と blood だけ。（443）

2．④　★ by [in] contrast「これに対して，対照的に」（442）

『システム英単語〈5訂版〉』p. 87 ~ 90　問題冊子 p. 38

16 Fundamental Stage No. 451 ~ 480

1. 1．市民（451）　2．設備（463）　3．見知らぬ人（464）
4．もうけ（472）　5．地位（479）　6．若者（480）

2. 7．impression ／ on（452）　8．site（455）

3. 9．violent（457）　10. minority ⇔ **majority**（460）　11. originate（461）
12. wealthy（470）　13. horrible（476）

4. 14. ③（453）　15. ②（459）　16. ③（462）　17. ②（465）　18. ③（466）
19. ②（467）　20. ①（468）　21. ②（471）

5. 22. ①（454）　23. ④（473）　24. ①（474）

6. 25. train passengers（456）　26. low-income families（458）
27. environmental pollution（469）　28. a natural phenomenon（475）
29. climb a ladder（477）　30. 8 billion people（478）

1．④　A「すみませんが，郵便局はどちらでしょうか」
B「すみませんが，（　　　），なのでわかりません」
★ **I'm a stranger around here.** は「この辺はよく知らないんです」の意味。（464）

2．Jupiter「木星」，Mercury「水星」，Saturn「土星」，Mars「火星」，Venus「金星」（466）

『システム英単語〈5訂版〉』p. 91 ～ 94　問題冊子 p. 40

Fundamental Stage No. 481～510

1. 1．調査（485）　2．指示（490）　3．道具（492）
4．小川（498）　5．土壌（504）

2. 6．confidence ／ in（481）　7．under ／ construction（488）
8．lecture ／ on（489）　9．path ／ to（496）　10．crime（506）

3. 11．critical（491）　12．devise（495）
13．descendant ⇔ **ancestor**（503）　14．analyze（509）　15．universal（510）

4. 16．①（484）　17．②（493）　18．③（494）　19．③（505）

5. 20．①（482）　21．②（486）　22．④（499）　23．④（500）　24．②（507）
25．②（508）

6. 26．household goods（483）　27．a natural enemy（487）
28．predict earthquakes（497）　29．victims of the war（501）
30．run out of fuel（502）

1．②　★① análysis（509）　② áncestor（503）　③ consíder（2）　④ contínue（8）
ancestor は第 1 音節にアクセントがある。他は第 2 音節。

2．②「大学に行くことが私に１人で働く自信を与えてくれた」
★ confidence「自信」(481)。①「他人に対する友情の感情」，②「自分を信じる気持ち」，③「他人に対する信頼」，④「秘かな感情」。

『システム英単語〈5訂版〉』p. 94～99　問題冊子 p. 42

18 Fundamental Stage No. 511～540

1 Fundamental
2 Essential
3 Advanced
4 Final
5 多義語

1. 1．幼児（520）　2．細胞（522）　3．広告（524）
4．政治的な（533）　5．医学の（536）

2. 6．electricity（511）　7．plenty ／ of（515）　8．to ／ extent（525）
9．garbage（526）　10. similar ／ to（529）　11. aware ／ of（534）
12. essential ／ to（537）

3. 13. evident（518）　14. variety（528）
15. incomplete ⇔ **complate**（530）　16. expense（532）

4. 17. ②（513）　18. ①（514）　19. ②（516）　20. ③（523）　21. ①（527）
22. ①（538）

5. 23. ③（512）　24. ③（519）　25. ②（521）　26. ①（531）　27. ①（539）

6. 28. the gene for eye color（517）　29. ancient Greece and Rome（535）
30. practical English（540）

(1) ③「警察はダニーがお金を取ったと考えたが，それを立証する証拠がなかった」
★ **evidence**「証拠」（518），**support**「～を裏付ける，立証する」

(2) ④「環境のいかなる変化も普通嫌だと思うほどに，人間は怠惰な動物だと見なすことができるだろう」
★ **to the extent that ～**「～するほど」（525）

『システム英単語〈5訂版〉』p. 99 ～ 103　問題冊子 p. 44

19 Fundamental Stage No. 541 ～ 570

1. 1．典型的な（545）　2．適切な（548）　3．急速な（550）
4．正確な（565）　5．原始的な（570）

2. 6．convenient ／ for（553）　7．sensitive ／ to（561）　8．thirsty（563）
9．temporary（569）

3. 10．comfort（543）　11．major ⇔ **minor**（544）
12．physical（264）⇔ **mental**（551）　13．excel（552）
14．huge（538）／ vast（1120）＝ **enormous**（556）
15．natural ⇔ **artificial**（558）　16．intellect（562）

4. 17．③（546）　18．①（559）　19．①（566）　20．③（567）

5. 21．②（541）　22．②（547）　23．②（555）　24．②（560）　25．④（568）

6. 26．my favorite food（542）　27．an empty bottle（549）
28．potential danger（554）　29．a rare stamp（557）
30．be polite to ladies（564）

1．③　A「私は早く着きすぎじゃないといいんですが」
B「全然早くないです。入って楽にしてください」
★ Make yourself at home. ＝ Make yourself comfortable.「くつろいでください」(543)

2．①　「今夜7時に映画に行くのはあなたに都合がいいですか」
★「人にとって都合がいい」という意味を表すとき，convenient は人を主語にしないので②と④はだめ。(553)

3．②　「彼は競争で負けることにとても敏感だから，それについては言わないで」
★① sensible「分別のある」, ② sensitive「敏感な，傷つきやすい」(561), ③ sensual「肉体の」，④ sensational「衝撃的な」。

『システム英単語〈5訂版〉』p. 103～107　問題冊子 p. 46

20 Fundamental Stage No. 571～600

1. 1．最新の（576）　2．ばかな（580）　3．すぐに（584）
4．しばしば（586）

2. 5．temporary（569）⇔ **permanent**（571）　6．liquid ⇔ **solid**（579）
7．at last／in the end（585）　8．mainly／chiefly ＝ **largely**（595）

3. 9．①（582）　10. ②（590）　11. ①（591）　12. ③（592）　13. ①（593）
14. ③（596）　15. ②（597）　16. ①（599）

4. 17. ②（572）　18. ①（577）　19. ④（587）　20. ①（588）　21. ②（594）
22. ①（598）　23. ②（600）

5. 24. severe winter weather（573）　25. a brief explanation（574）
26. a mobile society（575）　27. strict rules（578）
28. biological weapons（581）　29. I hardly know Bill.（583）
30. instantly recognizable songs（589）

④「ベッドでの喫煙を禁止する大変厳しい規則がある」
★ **strict** は「〈規則･命令など〉が厳しい，〈人が子どもなどに対して〉厳格な」（578），**severe** は「〈天候などが〉厳しい，〈病状などが〉重い」の意味。

『システム英単語〈5訂版〉』p. 110～115　問題冊子 p. 48

Essential Stage No. 601～630

1. 1．accompany（609）　2．attached ／ to（616）　3．reverse（617）
4．composed ／ of（619）　5．substitute ／ for（621）　6．arrest ／ for（626）
7．depressed（630）

2. 8．obedient（606）　9．stimulus（627）

3. 10. ②（603）　11. ①（622）　12. ③（623）

4. 13. ③（604）　14. ①（605）　15. ②（608）　16. ①（612）　17. ③（624）
18. ③（628）

5. 19. ドライバーの安全を確保する（602）　20. きっと君は勝つと思う（613）
21. 彼の人生を破滅させる（614）　22. この例が彼の能力を示す（625）

6. 23. proceed straight ahead（601）　24. eliminate the need for paper（607）
25. commit a crime（610）　26. pursue the American Dream（611）
27. threaten to tell the police（615）　28. restrict freedom of speech（618）
29. lean against the wall（620）　30. consult a doctor for advice（629）

1．③　★ **illustrate** [íləstreit]（625）　① **interpret** [intə́ːrprit]（603）
② **interrupt** 動 [intərʌ́pt]（623）　③ **substitute** [sʌ́bstətjuːt]（621）

2．④「座って話をすることは，お互いの理解を確かなものにするだろう」
①「争ったり，論争する」　②「だますために何かを変える」
③「何かの質を向上させる」　④「何かを確実に生じるようにする」
★ **ensure**「～を確実にする」（602）

『システム英単語〈5訂版〉』p. 115～120　問題冊子 p. 50

22 Essential Stage No. 631～660

1. 1．を無視する（658）

2. 2．crash／into（631）　3．specialize／in（633）　4．transmit（636）
5．Clap（638）　6．burst／into（639）　7．dismiss／as（641）
8．prohibit／from（643）　9．qualify／for（645）　10．overlook（649）
11．accuse／of（650）　12．corresponds／to（655）　13．attribute／to（657）

3. 14．establish（45）＝**found**（637）

4. 15．②（632）　16．③（642）　17．②（646）

5. 18．④（634）　19．④（640）　20．①（644）　21．③（647）　22．④（651）
23．④（653）

6. 24．建物が崩壊した（648）　25．新車を登録する（654）
26．壁に影を投げかける（656）　27．意見の不一致を解決する（660）

7. 28．fulfill the promise（635）　29．deprive him of the chance（652）
30．feed starving children（659）

PLUS

(1) ② 「今回は君の誤りを見逃そう」
① constitute「～を構成する」 ③ persecute「～を迫害する」 ④ provide「～を与える」
★ **overlook「～を見逃す」**（649）

(2) ④ 「大学では何を専攻する予定ですか」
① improve「～を改善する」 ② lecture「講義（する）」 ③ listen to「～を聞く」
★ **major in A ＝ specialize in A「A を専攻する」**（633）

『システム英単語〈5訂版〉』p. 121 ～ 126　問題冊子 p. 52

23 Essential Stage No. 661～690

1. 1．を意味する（666）

2. 2．impose ／ on（661）　3．convert ／ into（662）　4．appointed ／ to（665）
5．assign ／ to（667）　6．split（675）　7．resort ／ to（676）
8．equipped ／ with（680）　9．devoted ／ to（683）

3. 10. pronunciation（679）

4. 11. ②（663）　12. ②（664）　13. ①（668）　14. ②（669）　15. ③（670）
16. ①（677）　17. ①（681）　18. ①（685）

5. 19. ②（671）　20. ②（672）　21. ④（674）　22. ③（682）　23. ④（686）
24. ③（690）

6. 25. 仕事を引き受ける（673）　26. いらいらさせる騒音（678）
27. 彼に話をするよう促す（688）

7. 28. Time heals all wounds.（684）　29. chase the car（687）
30. withdraw my hand（689）

PLUS

③「私は財布を奪われた」

★ rob〈人〉of A「〈人〉から A を奪う」→〈人〉be robbed of A（671）

steal A from〈人〉→ A be stolen from〈人〉（×〈人〉be stolen）

『システム英単語〈5訂版〉』p. 127～132　問題冊子 p. 54

24 Essential Stage No. 691～720

1. 1．冗談を言う（692）

2. 2．interfere ／ with（691）　3．infected ／ with（698）　4．stem ／ from（699）
5．proportion ／ to（702）　6．contract ／ with（703）　7．democracy（710）
8．emergency（711）　9．protest ／ against（712）　10．immigrants（713）
11．at ／ dawn（719）

3. 12．②（693）　13．③（700）　14．①（715）

4. 15．②（696）　16．②（697）　17．④（704）　18．②（709）　19．④（714）
20．④（716）　21．④（717）

5. 22．創造性を養う（695）　23．新しい考えを受け入れる（701）
24．公共施設（707）

6. 25．an endangered species（694）　26．discover treasure（705）
27．the Tokyo stock market（706）　28．a large sum of money（708）
29．your online profile（718）　30．social welfare（720）

1．It is no use crying over spilt milk.（697）
2．⑤「数学の授業における男子と女子の割合はどれくらいですか」（702）
①「場所」 ②「数」 ③「大きさ」 ④「量」 ⑤「割合」

『システム英単語〈5訂版〉』p. 132～137　問題冊子 p. 56

25 Essential Stage No. 721～750

1. 1．文脈（738）

2. 2．from ／ perspective（721） 3．enthusiasm ／ for（722） 4．equivalent ／ to（727）
5．shelter ／ from（730） 6．statistics（736） 7．prejudice（742）
8．strain ／ on（743） 9．at ／ height（750）

3. 10. ②（729） 11. ③（732） 12. ②（735） 13. ②（739） 14. ③（744）
15. ③（748） 16. ②（749）

4. 17. ④（725） 18. ④（728） 19. ④（733） 20. ④（741） 21. ①（745）
22. ④（747）

5. 23. 技術を信頼する（723） 24. 給料のよい職業（724）
25. デンマーク王国（726） 26. 窓わく（734）
27. 民間企業（737） 28. 世界の穀物生産高（740）

6. 29. trial and error（731） 30. a black slave（746）

1．(1) ② (2) ①
★(1) **en-thu-si-asm** [inθjúːziæzm]（722） (2) **en-ter-prise** [éntərpraiz]（737）

2．(1) ① ★ **height** [háit]（750） ① **horizon** [həráizn]（756） ② **meat** [míːt]
③ **receive** [risíːv] ④ **weight** [wéit]（449）
(2) ④ ★ **wound**「傷」[wúːnd]（747） ① **bough** [báu]「大枝」 ② **doubt** [dáut]
③ **though** [ðóu] ④ **through** [θrúː]

『システム英単語〈5訂版〉』p. 137 ～ 142　問題冊子 p. 58

26 Essential Stage No. 751～780

1. 1．parallel（755）　2．on ／ horizon（756）　3．burden ／ on（758）
4．venture（766）　5．mission（767）　6．output（776）

2. 7．②（765）　8．②（768）　9．②（769）　10．②（772）　11．③（774）

3. 12．③（753）　13．④（754）　14．①（757）　15．①（759）　16．①（762）
17．②（770）　18．③（771）　19．①（773）　20．①（775）　21．③（777）
22．③（779）　23．②（780）

4. 24．理学部（751）　25．魅力にあふれた都市（763）
26．感覚器官（764）　27．社会の慣習に従う（778）

5. 28．the average life span（752）　29．poison gas（760）
30．the Constitution of Japan（761）

PLUS

①「その弁護士はたくさんの依頼人を持たない」

★ client「(弁護士などの）依頼人」(775)，customer「(商店などの）客」(195)，
consumer「消費者」，guest「招待客，ホテルの客」

『システム英単語〈5訂版〉』p. 143 ～ 148　問題冊子 p. 60

27 Essential Stage No. 781 ～ 810

1. 1. core ／ of (781)　2. frontier (783)　3. guilty (792)
4. accustomed ／ to (797)　5. keen ／ to (800)
6. delicate (802)　7. exhausted (808)

2. 8. constant = **steady** (798)　9. immature ⇔ **mature** (805)
10. abstract (1134) ⇔ **concrete** (806)

3. 11. ③ (782)　12. ③ (784)　13. ② (789)　14. ① (793)　15. ① (795)
16. ① (799)　17. ③ (807)

4. 18. ② (785)　19. ④ (790)　20. ① (794)　21. ③ (801)　22. ① (804)
23. ① (809)

5. 24. 宇宙の無重力状態 (787)　25. 医学の倫理の問題 (788)
26. 内科 (803)

6. 27. people with disabilities (786)　28. child abuse (791)
29. his annual income (796)　30. tight jeans (810)

PLUS

1. (1) ③の exhaust (808) だけが [gz]，他は [ks] と発音する。
(2) ③　★① **advise** [ədváiz] (362)　② **choose** [tʃú:z]　③ **loose** [lú:s] (801)
④ **lose** [lú:z]

2. ④ 「光陰矢のごとし。歳月人を待たず」(諺)
★ **tide**「潮流」(790)

『システム英単語〈5訂版〉』p. 148～153　問題冊子 p. 62

28 Essential Stage No. 811～840

1. 1. sophisticated (816)　2. peculiar ／ to (819)　3. ethnic (821)
4. relevant ／ to (827)　5. thrilled (833)　6. consistent ／ with (835)
7. miserable (838)　8. fond ／ of (840)

2. 9. maximum ⇔ **minimum** (815)　10. active ⇔ **passive** (820)
11. guilty (792) ⇔ **innocent** (824)

3. 12. ② (813)　13. ① (817)　14. ② (822)　15. ① (826)　16. ② (829)
17. ③ (836)

4. 18. ④ (812)　19. ① (823)　20. ④ (828)　21. ② (830)　22. ④ (832)
23. ② (834)　24. ④ (837)

5. 25. 主要な原因 (811)　26. 親密な関係 (814)
27. 苦い経験 (818)　28. 根本的な原因 (825)
29. 必死の試み (831)　30. 相当な数の人々 (839)

PLUS

① 「私たちは，私たちのところに来て一緒に住むよう彼を説得しようとしたが，無駄だった」

★ in vain「(結果として) 無駄に」(823)

『システム英単語〈5訂版〉』p. 153 ~ 158　問題冊子 p. 64

29 Essential Stage No. 841 ~ 870

1. 1. beneath (851)　2. transform / into (856)
3. distinguish / from (859)　4. cope / with (861)

2. 5. look into (858)　6. achieve / attain (863)
7. stand / bear (865)

3. 8. ① (843)　9. ① (844)　10. ① (847)　11. ② (849)　12. ① (854)
13. ② (862)　14. ③ (864)　15. ② (866)

4. 16. ② (845)　17. ① (846)　18. ④ (848)　19. ③ (850)　20. ③ (852)
21. ① (853)　22. ① (855)　23. ④ (860)　24. ④ (870)

5. 25. 世界経済を支配する (868)　26. ダーウィンの理論を裏づける (869)

6. 27. True or false? (841)　28. a lazy student (842)
29. defeat the champion (857)　30. guarantee your success (867)

PLUS

④「彼はわざと貧しくなるように決心した」
★ deliberately = on purpose「わざと，故意に」(850)

『システム英単語〈5訂版〉』p. 158～162　問題冊子 p. 66

30 Essential Stage No. 871～900

1. 1．defend ／ against（872）　2．glance ／ at（877）　3．define ／ as（883）
4．chat ／ with（892）　5．exceeds（893）　6．cooperate ／ with（895）
7．inherit ／ from（896）

2. 8．allow（12）／permit（364）⇔ **forbid**（873）　9．take in（884）

3. 10. ①（871）　11. ①（875）　12. ①（881）　13. ②（885）　14. ②（887）
15. ①（888）　16. ②（898）　17. ②（899）

4. 18. ③（878）　19. ①（882）　20. ④（886）　21. ②（890）　22. ②（897）

5. 23. 生でコンサートを放送する（874）　24. 生活の質を向上させる（891）

6. 25. punish him for the crime（876）　26. calculate the cost（879）
27. leave a sinking ship（880）　28. regulate traffic（889）
29. wipe the table（894）　30. conquer the world（900）

1．①　★① **distribute** [distríbjuːt]（890）　② **entertain** [entərtéin]（871）
③ **guarantee** [gærəntíː]（867）　④ **interfere** [intərfíər]（691）

2．① [iː]　deceive [disíːv]（884）
★① evening [iː]　② instead [e]　③ sweat [e]「汗」（1105）　④ radio [ei]

3．②「私たちが満足のいく関係を維持できる可能性は，打ち明けることと秘密にすることの間にいつどこで線を引くべきか知っているかどうか次第であることが多い」
★ **sustain**「～を維持する」（886）。① **establish**「～を設立する」，② **maintain**「～を維持する」，③ **terminate**「～を終わらせる」，④ **finish**「～を終える」。

1 Fundamental
2 Essential
3 Advanced
4 Final
5 多義語

『システム英単語〈5訂版〉』p. 162～166　問題冊子 p. 68

31 Essential Stage No. 901～930

1. 1．derives ／ from（908）　2．classify ／ as（913）　3．fold（916）
4．stare ／ at（920）　5．laboratory（927）　6．conference（928）
7．continent（929）

2. 8．stare（920）＝ **gaze**（910）　9．emphasis（921）

3. 10. ③（904）　11. ③（906）　12. ③（907）　13. ③（909）　14. ②（914）
15. ②（923）　16. ②（925）

4. 17. ④（901）　18. ④（902）　19. ④（905）　20. ②（915）　21. ③（924）

5. 22. 床を掃く（917）　23. 人間の行動をまねる（919）
24. 罰を受けて当然だ（926）　25. 国民健康保険（930）

6. 26. modify the plan（903）　27. pray for a sick child（911）
28. polish the shoes（912）　29. whisper in her ear（918）
30. get rid of stress（922）

PLUS

1．④「彼は自分の部屋の雑誌を全部処分する決心をした」
★ get rid of A「A を処分する」(922)。① tear「～を引き裂く」, ② classify「～を分類する」, ③ submit「～を提出する」, ④ discard「～を捨てる」。

2．②「ジェーンは非常によく働いてきたのだから，長い休暇を取って当然だと思う」
★① conserve「～を保護する」, ② deserve「(…して) 当然だ」(926), ③ reserve「～を予約する」, ④ preserve「～を保存する」。

『システム英単語〈5訂版〉』p. 166 ~ 170　問題冊子 p. 70

32 Essential Stage No. 931 ~ 960

1. 1．crew (931)　2．poverty (932)　3．exception ／ to (935)
4．disputes (952)

2. 5．vice ⇔ **virtue** (944)　6．encourage (945)

3. 7．② (937)　8．① (941)　9．② (943)　10. ③ (949)　11. ② (953)

4. 12. ④ (936)　13. ④ (938)　14. ③ (942)　15. ④ (946)　16. ③ (951)
17. ① (957)

5. 18. 言葉の壁 (940)　19. 労働組合 (947)
20. 人類の歴史 (954)　21. 風景画 (956)
22. おとぎ話をする (958)　23. 筋肉と骨 (960)

6. 24. water shortage (933)　25. international affairs (934)
26. human evolution (939)　27. Western civilization (948)
28. cherry blossoms (950)　29. mass murder (955)
30. political reform (959)

1．(1) ①　(2) ①
★(1) **barrier** [bǽriər] (940)　(2) **volume** [vɑ́lju(ː)m] (949)

2．③「彼女は一生懸命働くことで，その地位を勝ち得た」
★ **by virtue of A = because of A**「A の理由で，A によって」(944)

『システム英単語〈5訂版〉』p. 170 ~ 173　問題冊子 p. 72

33 Essential Stage No. 961 ~ 990

1. 1. prospects (961)　2. quarrel ／ with (964)　3. aspects ／ of (966)
4. pause (967)　5. conflict ／ between (968)　6. layer (975)
7. clue ／ to (976)　8. under ／ circumstances (977)

2. 9. demerit ⇔ **merit** (974)　10. jail = **prison** (979)

3. 11. ① (962)　12. ① (972)　13. ① (973)　14. ③ (980)　15. ② (983)
16. ① (987)　17. ① (990)

4. 18. ① (963)　19. ③ (971)　20. ④ (978)　21. ④ (981)　22. ③ (982)
23. ③ (986)　24. ④ (989)

5. 25. 知的職業 (965)　26. 白人の特権 (969)
27. 太陽光線 (984)

6. 28. economic prosperity (970)　29. go to heaven (985)
30. lack of funds (988)

③　★① **fever** [fíːvər] (432)　② **genius** [dʒíːnjəs] (971)　③ **merit** [mérit] (974)
④ **theme** [θíːm] (989)

『システム英単語〈5訂版〉』p. 173～177　問題冊子 p. 74

34 Essential Stage No. 991～1020

1. 1. ambition／to（991）　2. affection／for（998）　3. candidate／for（999）
4. obstacle／to（1002）　5. campaign／to（1007）　6. insight／into（1010）
7. inhabitants／of（1015）

2. 8. laborious（994）

3. 9. ③（997）　10. ③（1000）　11. ③（1001）　12. ②（1005）　13. ①（1009）
14. ②（1011）　15. ②（1014）　16. ②（1018）　17. ③（1019）

4. 18. ④（993）　19. ①（996）　20. ②（1012）　21. ③（1013）　22. ④（1017）

5. 23. 国際オリンピック委員会（995）　24. 緊張を緩和する（1004）
25. 防衛予算を削減する（1006）

6. 26. the weather forecast（992）　27. have no appetite（1003）
28. joy and sorrow（1008）　29. burn fossil fuels（1016）
30. the Roman Empire（1020）

PLUS

(1)　①　★① **committee** [kəmíti:]（995）　② **disagree** [dìsəgrí:]
③ **examinee** [igzæməní:]　④ **guarantee** [gærəntí:]（867）
普通，単語末の -ee にはアクセントがあるが，committee は例外。

(2)　④　★① **empire** [émpaiər]（1020）　② **instinct** 名 [ínstiŋkt]（1018）
③ **insult** 名 [ínsʌlt]（1014）　④ **insult** 動 [insʌ́lt]（1014）

『システム英単語〈5訂版〉』p. 177 ~ 181　問題冊子 p. 76

35 Essential Stage No. 1021 ~ 1050

1. 1. がん (1024)

2. 2. suburbs (1021)　3. architecture (1022)　4. dozen (1026)
5. option (1032)　6. mechanism (1034)　7. fare (1038)
8. portion ／ of (1050)

3. 9. comedy = **tragedy** (1036)

4. 10. ① (1027)　11. ① (1030)　12. ③ (1035)　13. ① (1037)　14. ① (1040)
15. ③ (1042)　16. ① (1045)　17. ③ (1046)

5. 18. ④ (1025)　19. ② (1028)　20. ④ (1029)　21. ② (1031)　22. ② (1041)
23. ③ (1047)　24. ① (1048)

6. 25. 南半球 (1033)　26. 現代英語の語法 (1043)
27. 砂の城 (1044)

7. 28. love and passion (1023)　29. pay the debt (1039)
30. the population explosion (1049)

② ★① **architecture** [ɑ́ːrkitektʃər] (1022)　② **channel** [tʃǽnl]
③ **mechanism** [mékənizm] (1034)　④ **scheme** [skíːm] (1013)

『システム英単語〈5訂版〉』p. 181 ~ 184　問題冊子 p. 78

36 Essential Stage No. 1051 ~ 1080

1. 1. heritage (1059)　2. factor / in (1063)
3. discrimination / against (1064)　4. priest (1067)
5. grocery (1071)　6. astronomy (1074)　7. findings (1077)
8. strategy (1078)

2. 9. gulf = **bay** (1057)　10. variety = **diversity** (1060)

3. 11. ① (1052)　12. ① (1061)　13. ① (1066)　14. ② (1068)　15. ③ (1073)
16. ① (1075)　17. ① (1080)

4. 18. ④ (1053)　19. ① (1054)　20. ② (1065)　21. ③ (1070)　22. ④ (1072)
23. ② (1076)

5. 24. 海洋生物 (1051)　25. 合衆国議会 (1056)
26. 人格の特徴 (1069)

6. 27. protect wildlife (1055)　28. the death penalty (1058)
29. history and geography (1062)　30. his heart and lungs (1079)

1. ② ★① **bomb** [bám] (1000)　② **combine** [kəmbáin] (132)　③ **debt** [dét] (1039)
④ **thumb** [θʌ́m] (1061)　単語末の -mb の b は黙字（発音しない）。

2. ② ★**thumb** (1061) の u は [ʌ] なので，**luxury** [lʌ́gʒəri] (986) が正解。

『システム英単語〈5訂版〉』p. 184 ~ 189　問題冊子 p. 80

Essential Stage No. 1081 ~ 1110

1. 1. outcome（1082）　2. flavor（1088）　3. nursing（1090）
4. surgery（1097）　5. emissions（1102）

2. 6. ③（1084）　7. ③（1085）　8. ③（1089）　9. ②（1091）　10. ①（1094）
11. ②（1104）　12. ①（1106）　13. ①（1109）

3. 14. ④（1086）　15. ②（1087）　16. ①（1092）　17. ④（1099）　18. ④（1100）
19. ②（1105）　20. ④（1107）　21. ③（1108）　22. ①（1110）

4. 23. 宗教的な儀式（1081）　24. 環境保護団体（1083）
25. ニューヨーク市議会（1095）　26. 猿と類人猿（1103）

5. 27. bullying in schools（1093）　28. age and gender（1096）
29. technological innovation（1098）　30. prepare for natural disaster（1101）

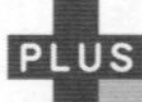

1. ③　★ species（1107），creature（446）はともに [iː] と発音する。

2. ④　★① breathe [bríːð]（374）② cease [síːs]（604）③ creature [kríːtʃər]（446）
④ sweat [swét]「汗」（1105）　sweet [swíːt]「甘い」と間違えないように。

3. ③「ロンドンマラソンの結果は誰にも予言できないだろう」
★ outcome「結果」（1082）① landlord「家主」② liquid「液体」
④ timber「材木」（1789）

『システム英単語〈5訂版〉』p. 189～193　問題冊子 p. 82

38 Essential Stage No. 1111～1140

1. 1．概念（1111）　2．広まっている（1123）

2. 3．loyal／to（1114）　4．isolated／from（1115）　5．visible（1125）
6．ashamed／of（1137）

3. 7．unwilling = **reluctant**（1118）　8．urban（568）⇔ **rural**（1122）
9．inadequate ⇔ **adequate**（1131）　10. concrete（806）⇔ **abstract**（1134）

4. 11. ③（1116）　12. ②（1119）　13. ①（1120）　14. ③（1127）　15. ③（1129）
16. ①（1133）　17. ①（1136）　18. ②（1139）

5. 19. ④（1121）　20. ③（1128）　21. ④（1132）　22. ④（1138）

6. 23. 貴重な宝石（1113）　24. いちじるしい対照（1130）
25. 相互の理解（1135）

7. 26. You look pale.（1112）　27. tropical rain forests（1117）
28. a complicated problem（1124）　29. eat raw meat（1126）
30. pure gold（1140）

PLUS

1．(1) ④「ジェーンは自分のマナーの悪さをとても恥ずかしく思っているようだ」
★ **be ashamed of A**「〈人が〉A を恥ずかしく思う」, **shameful**「〈行為などが〉恥ずべき」（1137）

(2) ③「彼の自転車の乗り方が不注意であったことを考慮すると，彼が事故に遭うことは避けられなかった」 ★ **inevitable**「避けられない」（1139）

2．④ ★① **cómplicated**（1124） ② **cóncentrated**（128） ③ **ágriculture**（516）
④ **manufácture**（149） ④以外は第１音節にアクセントがある。④は第３音節。

『システム英単語〈5訂版〉』p. 193 ~ 197　問題冊子 p. 84

39 Essential Stage No. 1141 ~ 1170

1. 1. indifferent ／ to (1142)　2. manual (1153)　3. flexible (1162)
4. grateful ／ for (1163)　5. abundant (1166)　6. selfish (1167)
7. racial (1169)

2. 8. irrational ⇔ **rational** (1155)　9. initiate (1156)
10. pessimistic ⇔ **optimistic** (1161)

3. 11. ① (1141)　12. ① (1143)　13. ① (1145)　14. ③ (1150)　15. ③ (1157)
16. ② (1158)　17. ① (1165)　18. ③ (1170)

4. 19. ① (1144)　20. ④ (1148)　21. ③ (1151)　22. ② (1154)　23. ④ (1159)
24. ③ (1164)

5. 25. 深い意味 (1147)　26. 保守党 (1149)
27. 言葉によるコミュニケーション (1160)　28. みにくいアヒルの子 (1168)

6. 29. solar energy (1146)　30. alcoholic drinks like wine (1152)

PLUS

(1) ③ 「私は援助に対して彼に感謝しています」
★ **be grateful to〈人〉for A「A のことで〈人〉に感謝している」** (1163)

(2) ② 「トニーは私の考えに無関心であるようだった」
★ **be indifferent to A「A に無関心である」** (1142)

『システム英単語〈5訂版〉』p. 197～202　問題冊子 p. 86

40 Essential Stage No. 1171～1200

1. 1．認知の（1192）　2．絶対に（1193）

2. 3．random（1176）　4．prior／to（1180）　5．fluent／in（1182）
6．ecological（1189）　7．virtually（1194）　8．literally（1197）
9．regardless／of（1199）

3. 10. out-of-date ⇔ **up-to-date**（1178）
11. excessive（1136）／extreme ⇔ **moderate**（1181）

4. 12. ②（1174）　13. ①（1177）　14. ②（1187）　15. ①（1196）　16. ②（1200）

5. 17. ④（1171）　18. ③（1173）　19. ②（1175）　20. ①（1184）　21. ②（1188）
22. ③（1190）　23. ③（1195）　24. ①（1198）

6. 25. 連邦政府（1172）　26. 自由主義の政治（1179）
27. 手の込んだシステム（1183）　28. 根本的な変化（1185）
29. その事実を知らない（1191）

7. 30. acid rain（1186）

(1) ②「年をとるにつれて，私はときどき想像力がなくなってきたように感じる」
(2) ②「その老女はかろうじて文字が読める程度だったが，非常に有能な話し手であった」
★ **literate**「読み書きのできる」，**literary**「文学の」，**literal**「文字通りの」（1197）

『システム英単語〈5訂版〉』p. 206 ～ 211　問題冊子 p. 88

41 Advanced Stage No. 1201 ～ 1230

1. 1．辞任する（1203）　2．繁栄する（1209）　3．を落とす（1217）
4．を溶かす（1223）　5．指定された（1227）

2. 6．submit ／ to（1201）　7．conform ／ to（1204）　8．confined ／ to（1205）
9．dedicated ／ to（1207）　10．congratulate ／ on（1226）

3. 11．put together ／ get together（1206）　12．give in（1213）
13．violation（1228）

4. 14．②（1214）　15．②（1216）　16．②（1222）　17．②（1225）

5. 18．③（1202）　19．①（1208）　20．③（1210）　21．③（1211）　22．①（1224）
23．②（1229）

6. 24．問題があると認める（1215）

7. 25．exploit natural resources（1212）　26．the long and winding road（1218）
27．cite two examples（1219）　28．digest food（1220）
29．skip lunch（1221）　30．recruit new staff（1230）

③「レポートは月曜に仕上がった形で提出されねばならない」
★ submit「～を提出する」＝ hand in（hand out は「～を配布する」）（1201）

『システム英単語〈5訂版〉』p. 211～216　問題冊子 p. 90

42 Advanced Stage No. 1231～1260

1. 1．を施行する（1232）　2．壊滅的な（1239）　3．閉ざされた（1254）
4．ため息をつく（1256）　5．を理解する（1260）

2. 6．coincides ／ with（1231）　7．indulge ／ in（1237）　8．plunge ／ into（1240）
9．bounces（1241）　10．prescribe（1243）　11．oppress（1244）

3. 12．contradictory（1242）　13．prevalent（1255）
14．force（13）／ oblige（644）＝ **compel**（1258）

4. 15．②（1234）　16．③（1238）　17．②（1246）　18．③（1247）　19．③（1250）
20．②（1251）　21．③（1257）

5. 22．③（1233）　23．②（1236）　24．②（1249）　25．④（1252）　26．①（1253）
27．②（1259）

6. 28．betray a good friend（1235）　29．cherish a dream（1245）
30．commute from Chiba to Tokyo（1248）

PLUS

1．④

ケン「どこで勉強しているの？」
スーザン「国際大学よ」
ケン「ほんと？　ぼくも国際大学だよ」
スーザン「すごい偶然！」

★ **What a coincidence!「なんという偶然だ！」**（1231）

2．「私たちは彼がアメリカ人でないことはわかっていた。なまりでそれがわかったから」

★ **A betray B「A で B〈人〉の正体がわかる」**（1235）

『システム英単語〈5訂版〉』p. 216～222　問題冊子 p. 92

Advanced Stage No. 1261～1290

1. 1．をかきたてる（1267）　2．怒り（1282）

2. 3．conceive ／ of ／ as（1264）　4．compensate ／ for（1265）
5．with ／ caution（1281）　6．formula（1283）　7．compromise（1288）

3. 8．persistent（1262）　9．multiplication（1263）　10. suspense（1266）

4. 11. ②（1261）　12. ③（1273）　13. ①（1274）　14. ①（1275）　15. ③（1277）
16. ③（1279）　17. ②（1286）　18. ①（1289）　19. ①（1290）

5. 20. ②（1268）　21. ④（1269）　22. ②（1270）　23. ①（1271）　24. ③（1272）
25. ①（1276）　26. ③（1278）　27. ①（1280）　28. ②（1284）　29. ②（1285）

6. 30. look at them in disgust（1287）

『システム英単語〈5訂版〉』p. 222 ～ 227　問題冊子 p. 94

44 Advanced Stage No. 1291～1320

1. 1．組織（1291）　2．構想（1293）　3．組織（1294）
4．頂上（1296）　5．同盟国（1301）　6．前提（1304）
7．療法（1307）　8．恵み（1310）

2. 9．in ／ haste（1299）　10. outlook ／ on（1314）

3. 11. spectacular（1303）

4. 12. ③（1292）　13. ①（1295）　14. ①（1298）　15. ③（1305）　16. ③（1308）
17. ②（1311）　18. ①（1316）　19. ①（1318）

5. 20. ②（1297）　21. ②（1302）　22. ④（1309）　23. ③（1312）　24. ①（1315）
25. ④（1317）

6. 26. take a nap in the afternoon（1300）　27. suffer from jet lag（1306）
28. the North Pole（1313）　29. a wide spectrum of interests（1319）
30. avoid junk food（1320）

PLUS

1．③「たいてい同じ羽根の鳥はいっしょに飛ぶ」
★ **Birds of a feather flock together.**「同類の鳥はいっしょに群れる［類は友を呼ぶ］」をもじったもの。(1297)

2．②「その船は風と波のなすがままだった」
★ **be at the mercy of A**「A のなすがままだ」(1316)

『システム英単語〈5訂版〉』p. 227 ~ 233　問題冊子 p. 96

45 Advanced Stage No. 1321 ~ 1350

1. 1．謙虚な（1323）　2．かすかな（1326）　3．粗末な（1332）
4．を予想する（1343）　5．を蓄積する（1347）　6．を修正する（1350）

2. 7．apt ／ to（1322）　8．entitled ／ to（1324）　9．jealous ／ of（1333）
10. stubborn（1336）　11. dispose ／ of（1345）

3. 12. likely（256）／ apt（1322）＝ **liable**（1335）　13. marvel（1338）

4. 14. ③（1321）　15. ②（1325）　16. ①（1327）　17. ②（1329）　18. ②（1334）
19. ②（1339）　20. ①（1340）　21. ②（1344）　22. ①（1348）　23. ③（1349）

5. 24. ①（1328）　25. ②（1330）　26. ③（1331）　27. ①（1337）　28. ②（1341）
29. ④（1342）

6. 30. refrain from smoking（1346）

③「販売機で飲み物を買う人のほとんどはカンやビンをちゃんと処分しなかった」
★ **dispose of**「～を処理する，捨てる」＝ **get rid of**（1345）

『システム英単語〈5訂版〉』p. 233～236　問題冊子 p. 98

46 Advanced Stage No. 1351～1380

1. 1．ほえる（1352）　2．を描く（1363）　3．を加速する（1371）
4．泣く（1374）　5．を抑制する（1377）　6．大声で叫ぶ（1379）

2. 7．conceal ／ from（1358）　8．enriches（1359）　9．cling ／ to（1360）
10. drain ／ from（1365）　11. disguise（1370）　12. integrate ／ into（1373）

3. 13. excel = **surpass**（1361）　14. creep = **crawl**（1376）

4. 15. ①（1357）　16. ③（1364）　17. ②（1367）　18. ②（1368）　19. ②（1372）

5. 20. ③（1355）　21. ③（1356）　22. ②（1362）　23. ②（1366）　24. ②（1369）
25. ④（1375）　26. ④（1378）

6. 27. scratch your back（1351）　28. quote the Bible（1353）
29. when roses bloom（1354）　30. assess students' ability（1380）

④「急速に減っていくマダガスカルの森で，そんなある種の生物が生きることに執着している」

★ cling to「～に固執する」（1360），existence は「存在，生存」だから fights for survival「生き残るために戦う」が近い。

『システム英単語〈5訂版〉』p. 236 ~ 239　問題冊子 p. 100

Advanced Stage No. 1381 ~ 1410

1. 1. を止める (1382)　2. をかき乱す (1395)　3. を追い越す (1400)
4. を操作する (1402)　5. 推測する (1410)

2. 6. inspect / for (1383)　7. inferred / from (1391)　8. depict / as (1405)
9. enroll / in (1408)

3. 10. leave out (1385)　11. revival (1392)　12. nourishment (1403)

4. 13. ② (1381)　14. ① (1393)　15. ② (1394)　16. ③ (1396)　17. ① (1397)
18. ③ (1399)　19. ① (1401)　20. ① (1409)

5. 21. ② (1384)　22. ④ (1386)　23. ④ (1387)　24. ③ (1388)　25. ① (1389)
26. ③ (1398)　27. ④ (1406)　28. ② (1407)

6. 29. erase the data (1390)　30. squeeze an orange (1404)

『システム英単語〈5訂版〉』p. 240 ～ 243　問題冊子 p. 102

48 Advanced Stage No. 1411～1440

1. 1．を処刑する（1412）　2．を明らかにする（1413）　3．をつかむ（1415）
4．を発する（1419）　5．ただよう（1424）　6．を織る（1425）
7．を備えつける（1426）　8．を無視する（1434）

2. 9．scold ／ for（1417）　10. flee ／ to（1420）　11. bump ／ into（1429）
12. boast ／ of（1432）

3. 13. do away with（1416）　14. offense（1421）　15. put off（1423）
16. look down on（1430）

4. 17. ②（1427）　18. ②（1436）　19. ①（1439）

5. 20. ④（1411）　21. ④（1418）　22. ②（1422）　23. ④（1428）　24. ①（1431）
25. ④（1433）　26. ④（1437）　27. ④（1438）

6. 28. tremble with fear（1414）　29. Don't tease me!（1435）
30. hug and kiss him（1440）

1．④「前世紀にかなりの程度まで奴隷制は廃止された」
★① diminish「～を減らす」，② destroy「～を破壊する」，③ expire「期限が切れる」，④ abolish「～を廃止する」（1416）。

2．③「今日できることを明日まで延期するな」
★ put A off「A を延期する」＝ postpone（1423）。
① provide「～を供給する」，② poster「ポスター」，④ prefer「～を好む」。

3．②「知らない人が彼女の手首をつかんだ」
★ seize ＋人＋ by the ＋体の一部「人の体の一部をつかむ」（1415）
catch，hold なども同じ形を使う。なお seize her wrist も正しい。

『システム英単語〈5訂版〉』p. 243 ~ 249　問題冊子 p. 104

49 Advanced Stage No. 1441 ~ 1470

1. 1．疲労（1443）　2．絶望（1449）　3．衝動（1453）
4．破片（1454）　5．野獣（1455）　6．迷信（1456）
7．摂取量（1459）　8．丸太（1464）

2. 9．combat（1441）　10. at ／ intervals（1450）　11. on ／ behalf ／ of（1452）
12. consensus ／ on（1465）

3. 13. famous（1444）　14. baggage = **luggage**（1451）
15. miserable（1462）

4. 16. ②（1460）　17. ①（1466）

5. 18. ③（1442）　19. ④（1448）　20. ③（1457）　21. ①（1458）　22. ②（1461）
23. ③（1463）　24. ④（1468）　25. ②（1469）　26. ①（1470）

6. 27. The room is a mess.（1445）　28. death with dignity（1446）
29. the Panama Canal（1447）　30. an old Chinese proverb（1467）

PLUS

(1) ①　★ **capacity** [kəpǽsəti]（248）
① **canal** [kənǽl]（1447）　② **canoe** [kənúː]　③ **capable** [kéipəbl]（276）
④ **campaign** [kæmpéin]（1007）　⑤ **Canadian** [kənéidiən]

(2) ①　★ **fatigue** [fətíːg]（1443）
① **unreasonable** [ʌnríːznəbl]　② **stupidity** [stju(ː)pídəti]
③ **understanding** [ʌ̀ndərstǽndiŋ]　④ **argument** [áːrgjəmənt]

『システム英単語〈5訂版〉』p. 249 ～ 253　問題冊子 p. 106

50 Advanced Stage No. 1471～1500

1. 1．子孫（1473）　2．虫（1478）　3．治療法（1479）
4．算数（1484）　5．宝くじ（1491）

2. 6．glimpse ／ of（1481）　7．microbes（1486）　8．in ／ diameter（1490）
9．chores（1498）

3. 10. confusion ＝ **chaos**（1488）　11. fate（1012）＝ **destiny**（1489）

4. 12. ③（1471）　13. ③（1472）　14. ②（1480）　15. ①（1483）　16. ②（1485）
17. ①（1487）　18. ③（1492）　19. ②（1493）　20. ②（1495）　21. ②（1496）
22. ①（1500）

5. 23. ③（1474）　24. ②（1482）　25. ①（1494）　26. ①（1497）　27. ②（1499）

6. 28. a newspaper headline（1475）　29. sign a peace treaty（1476）
30. a historical monument（1477）

PLUS

1．(1) ②　★ sword の w は発音されないので下線部の発音は [sɔ́ːr]（1495）。したがって sort [sɔ́ːrt]（多 132）が正解。

(2) ③　★ execute（1412）は [eks]，executive（981）は [igz] で発音がちがうので注意。x のあとにアクセントがある母音が来ると x は [gz] と発音される。

2．④　★ worm [wə́ːrm]（1478）のように wor はふつう [wəːr] だが，worn [wɔ́ːrn] は例外。

『システム英単語〈5訂版〉』p. 253～256　問題冊子 p. 108

51 Advanced Stage No. 1501～1530

1. 1. 荒野（1505）　2. 軌道（1506）　3. 領域（1510）
4. 星雲（1512）　5. ひざ（1513）　6. 弾丸（1515）
7. 歩行者（1516）　8. 年金（1525）

2. 9. surveillance（1501）　10. deadline／for（1514）　11. criteria／for（1519）
12. patch（1529）　13. at／altitude（1530）

3. 14. rubbish = **trash**（1502）　15. prejudice（742）= **bias**（1507）
16. witty（1517）　17. sidewalk = **pavement**（1522）

4. 18. ③（1503）　19. ③（1509）　20. ③（1518）　21. ③（1520）　22. ①（1521）
23. ①（1523）　24. ③（1524）

5. 25. ④（1508）　26. ③（1511）　27. ④（1527）　28. ②（1528）

6. 29. ケベック州（1526）

7. 30. police headquarters（1504）

PLUS

② ★ wild の i は [ai] だが，wilderness（1505）の i は [i]。したがって women [wímin] の o と同じ。

『システム英単語〈5訂版〉』p. 256 ~ 260　問題冊子 p. 110

52 Advanced Stage No. 1531 ~ 1560

1. 1．霊長類（1534）　2．悪夢（1543）　3．浸食（1547）
4．名所（1551）　5．宝石（1560）

2. 6．defect ／ in（1544）　7．collision ／ with（1554）　8．injections（1557）
9．breakthrough ／ in（1558）

3. 10. ①（1533）　11. ②（1538）　12. ①（1540）　13. ②（1546）　14. ③（1552）
15. ①（1555）　16. ③（1556）

4. 17. ④（1531）　18. ④（1532）　19. ④（1535）　20. ③（1537）　21. ②（1539）
22. ②（1541）　23. ①（1545）　24. ③（1548）　25. ④（1550）

5. 26. his son and nephew（1536）　27. the irony of fate（1542）
28. the human skeleton（1549）　29. flesh and blood（1553）
30. a leather bag（1559）

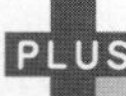

PLUS

(1) ④「彼は地球と彗星との衝突の可能性について語った」
★ collision with A「A との衝突」（1554）。co- は with, together の意味だから，with と相性が良い。

(2) ①「最終試験に合格すれば，このプログラムを終了したことを示す証明書を与えられます」
★① a certificate「証明書」（1545），② a failure「失敗者」，③ a penalty「罰」，④ an identification「身分証明書」。

『システム英単語〈5訂版〉』p. 260 ~ 264　問題冊子 p. 112

53 Advanced Stage No. 1561 ~ 1590

1. 1．合図（1561）　2．救急車（1562）　3．反逆者（1581）
4．雷（1584）　5．殺虫剤（1585）

2. 6．incentive ／ to（1574）　7．intervention ／ in（1576）　8．column（1586）
9．dialogue（1589）　10．kindergarten（1590）

3. 11. arrival ⇔ **departure**（1565）　12. marginal（1577）

4. 13. ②（1566）　14. ①（1570）　15. ②（1571）　16. ③（1572）　17. ③（1575）

5. 18. ④（1563）　19. ②（1564）　20. ①（1568）　21. ③（1573）　22. ③（1579）
23. ④（1582）　24. ①（1583）　25. ③（1587）　26. ④（1588）

6. 27. a car thief（1567）　28. painting and sculpture（1569）
29. a biography of Einstein（1578）　30. a smoking volcano（1580）

① 「この会社の従業員は社長の同意無しに新しいプロジェクトを始めることはできない」
★① consent「同意」(1579)，② suggestion「提案」，③ advice「助言」，④ opinion「意見」

『システム英単語〈5訂版〉』p. 264 ~ 269　問題冊子 p. 114

54 Advanced Stage No. 1591 ~ 1620

1. 1．肥満（1592）　2．特許（1593）　3．章（1594）
4．宮殿（1595）　5．洗濯（1596）　6．腐敗（1601）
7．症候群（1607）　8．小売り（1608）　9．新陳代謝（1611）
10．重大な（1616）　11．肥えた（1617）

2. 12. outbreak（1598）　13. mortality（1606）　14. dose ／ of（1609）
15. inflammation（1614）　16. hostile ／ to（1618）
17. indispensable ／ to（1619）

3. 18. expenditure ⇔ **revenue**（1603）

4. 19. ③（1591）　20. ③（1599）　21. ②（1602）　22. ③（1604）　23. ③（1605）
24. ①（1613）

5. 25. ①（1597）　26. ②（1600）　27. ②（1610）　28. ③（1620）

6. 29. a hybrid of two plants（1612）　30. take sleeping pills（1615）

PLUS

②「政府はアルコールと煙草への課税から多額の収入を得ている」
★ revenue「収入」（1603）は不可算名詞。a large number of A「多くの A」の A には可算名詞の複数形が来るので，ここでは a large amount of revenue とすべきである。

『システム英単語〈5訂版〉』p. 270 ～ 273　問題冊子 p. 116

Advanced Stage No. 1621～1650

1. 1．すばらしい（1621）　2．ばかげた（1632）　3．険しい（1638）
4．中立の（1643）　5．汚染された（1646）

2. 6．infinite（1636）　7．toxic（1642）　8．oral（1648）

3. 9．competence（1622）　10．deep ⇔ **shallow**（1629）
11．hardworking ／ industrious ＝ **diligent**（1644）

4. 12．③（1625）　13．③（1627）　14．①（1628）　15．②（1630）　16．②（1635）
17．②（1637）　18．③（1640）　19．①（1647）　20．①（1649）

5. 21．④（1623）　22．③（1624）　23．③（1626）　24．②（1631）　25．②（1633）
26．①（1634）　27．③（1641）　28．③（1645）　29．④（1650）

6. 30．the gross domestic product（1639）

② 「どんなに意見がちがっても，私たちはいつもたがいの意見を尊重しようと努力する」

★ **respectful**「敬う，敬意をはらう」，**respectable**「ちゃんとした」，**respective**「それぞれの」（1634）

『システム英単語〈5訂版〉』p. 273～277　問題冊子 p. 118

56 Advanced Stage No. 1651～1680

1. 1．永遠の（1662）　2．一人当たりの（1680）

2. 3．bankrupt（1661）　4．exotic（1671）　5．rigid（1672）
6．addicted ／ to（1675）　7．vulnerable ／ to（1676）

3. 8．vigor（1651）　9．solitude（1655）　10. implicit ⇔ **explicit**（1660）
11. masculine ⇔ **feminine**（1669）

4. 12. ②（1652）　13. ①（1654）　14. ①（1657）　15. ③（1658）　16. ②（1665）
17. ③（1673）　18. ①（1677）　19. ②（1678）　20. ①（1679）

5. 21. ①（1653）　22. ①（1656）　23. ④（1663）　24. ③（1666）　25. ②（1674）

6. 26. a helpless baby（1659）　27. sour grapes（1664）
28. a naked man（1667）　29. the vocal organ（1668）
30. sit down in a vacant seat（1670）

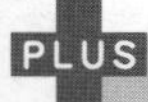

1．②「その会社は倒産しそうであった」
★ **go bankrupt**「倒産する，破産する」（1661）

2．①「人間は比類なくアルツハイマー症にかかりやすい」
★ **vulnerable to A**「A（病気）にかかりやすい，傷つきやすい」（1676）。① **at risk of**「～になる危険がある」, ② **cautious about**「～に用心深い」, ③ **displeased with**「～を嫌がっている」, ④ **in fear of**「～を怖がっている」。

『システム英単語〈5訂版〉』p. 277 ~ 280　問題冊子 p. 120

57 *Advanced Stage* No. 1681 ~ 1700

1. 1．前途有望な（1682）　2．生理的な（1683）　3．地質学的な（1686）
4．先天的な（1688）　5．同時に（1691）

2. 6．inherent ／ in（1681）　7．alert ／ to（1689）　8．drastically（1693）
9．owing ／ to（1700）

3. 10. acute（1330）⇔ **chronic**（1685）

4. 11. ③（1684）　12. ③（1692）　13. ②（1699）

5. 14. ①（1687）　15. ②（1695）　16. ②（1697）

6. 17. autonomous cars（1690）　18. not necessarily true（1694）
19. speak frankly（1696）
20. He tried hard, hence his success.（1698）

1．②「地球温暖化の影響のせいで，深刻な食糧不足が起こるだろう」
★ owing to A「A（理由）のために，せいで」（1700）

2．①「無数の科学者の助言に注意を払うことができれば，誰もが健康を増進するだろう」
★ countless「無数の，数え切れないほど多くの」（1687）。① innumerable「無数の」，② active「活動的な」，③ distinguished「優れた，著名な」，④ nameless「名もない」。

『システム英単語〈5訂版〉』p. 282 ~ 285　問題冊子 p. 122

58 Final Stage No. 1701 ~ 1730

1. 1. summon (1704)　2. endowed / with (1708)　3. swear (1713)
4. frown / on (1720)　5. reconcile / with (1725)　6. comply / with (1729)

2. 7. ② (1706)　8. ① (1712)　9. ① (1715)　10. ② (1717)　11. ② (1719)
12. ① (1724)　13. ② (1726)　14. ③ (1727)　15. ① (1730)

3. 16. ② (1701)　17. ④ (1705)　18. ③ (1707)　19. ③ (1709)　20. ② (1711)
21. ② (1714)　22. ② (1728)

4. 23. ガンジーの死を悲しむ (1703)　24. 障壁を築く (1716)
25. 行動へと彼を駆りたてる (1718)　26. 日本に観光客を呼び込む (1721)
27. 公園をぶらつく (1723)

5. 28. smash a bottle (1702)　29. allocate resources (1710)
30. defy gravity (1722)

『システム英単語〈5訂版〉』p. 285 ~ 288　問題冊子 p. 124

59 Final Stage No. 1731 ~ 1760

1. 1．を阻害する（1753）　2．を飼いならす（1755）

2. 3．embody（1734）　4．stalk（1735）　5．inflict／on（1738）
6．merge／with（1739）　7．adhere／to（1744）　8．stun（1747）
9．dump（1750）　10. delete（1752）　11. divert／from（1754）
12. immersed／in（1758）　13. embark／on（1760）

3. 14. ②（1732）　15. ①（1736）　16. ②（1742）　17. ②（1746）　18. ②（1748）
19. ③（1757）

4. 20. ③（1733）　21. ②（1743）　22. ①（1749）　23. ④（1756）

5. 24. 階段でつまずく（1731）　25. 顧客のリストをまとめる（1745）
26. 低い声でつぶやく（1751）

6. 27. The audience applauds.（1737）
28. People were evacuated from the area.（1740）
29. What is done cannot be undone.（1741）
30. My license expires next month.（1759）

『システム英単語〈5訂版〉』p. 288 ~ 292　問題冊子 p. 126

60 Final Stage No. 1761 ~ 1790

1. 1．を歪曲する（1770）

2. 2．yearn ／ for（1764）　3．intrude ／ on（1768）　4．dip（1775）
5．recite（1776）

3. 6．put out（1771）　7．plea（1778）　8．verse ⇔ **prose**（1787）

4. 9．③（1761）　10. ③（1763）　11. ②（1766）　12. ①（1767）　13. ①（1769）
14. ③（1772）　15. ③（1773）　16. ③（1777）　17. ①（1779）　18. ③（1781）
19. ③（1784）　20. ①（1786）　21. ①（1789）　22. ③（1790）

5. 23. ②（1762）　24. ④（1774）　25. ④（1788）

6. 26. アメリカの立場を弱める（1765）　27. 川に廃水を放出する（1780）
28. 情報を検索する（1782）

7. 29. shrug your shoulders（1783）　30. fetch water from the river（1785）

PLUS

① 「裁判所は若い男に２年の刑を言いわたした」
★ **condemn A to B「A に B の刑を宣告する」= sentence A to B**（1781）

『システム英単語〈5訂版〉』p. 292 ～ 296　問題冊子 p. 128

61 Final Stage No. 1791 ～ 1820

1. 1．罪（1806）

2. 2．carriage（1792）　3．fuss ／ about（1794）　4．heir ／ to（1796）
5．breeze（1805）　6．ambassador ／ to（1811）　7．jury（1812）
8．cluster ／ of（1813）

3. 9．equipment（463）⇔ **apparatus**（1793）　10. successor ⇔ **predecessor**（1820）

4. 11. ③（1791）　12. ②（1798）　13. ②（1800）　14. ①（1802）　15. ③（1804）
16. ③（1809）　17. ①（1814）　18. ①（1816）

5. 19. ④（1797）　20. ②（1803）　21. ③（1807）　22. ①（1810）　23. ③（1815）
24. ①（1817）

6. 25. a vitamin deficiency（1795）　26. an evil witch（1799）
27. a space probe（1801）
28. a complement to medical treatment（1808）
29. feel a chill（1818）　30. electrical appliances（1819）

『システム英単語〈5訂版〉』p. 296 ～ 299　問題冊子 p. 130

62 Final Stage No. 1821～1850

1. 1．君主（1826）　2．通行料（1832）　3．寄生生物（1836）
4．不安（1845）

2. 5．hospitality（1822）　6．amendment（1828）　7．dairy（1842）
8．artifacts（1843）　9．hygiene（1849）

3. 10. ②（1823）　11. ③（1825）　12. ②（1827）　13. ③（1830）　14. ①（1831）
15. ③（1833）　16. ②（1834）　17. ①（1839）　18. ②（1840）　19. ③（1841）
20. ②（1844）　21. ③（1847）

4. 22. ③（1821）　23. ②（1824）　24. ③（1829）　25. ④（1835）　26. ③（1838）
27. ②（1846）　28. ②（1848）　29. ②（1850）

5. 30. women's intuition（1837）

『システム英単語〈5訂版〉』p. 299 ～ 303　問題冊子 p. 132

63 Final Stage No. 1851～1880

1. 1．貴族階級（1853）　2．出現（1860）　3．かんがい（1862）
4．脅威（1865）　5．危険（1866）　6．憎しみ（1869）
7．腫瘍（1878）

2. 8．revenge ／ on（1854）　9．verge ／ of（1859）　10. cram（1871）
11. ideology（1876）

3. 12. blessing（1310）⇔ **curse**（1877）

4. 13. ①（1851）　14. ③（1856）　15. ①（1858）　16. ②（1861）　17. ③（1863）
18. ②（1867）　19. ③（1872）　20. ②（1873）　21. ①（1875）

5. 22. ③（1852）　23. ②（1864）　24. ③（1868）　25. ③（1879）　26. ②（1880）

6. 27. a human rights activist（1855）　28. a successful entrepreneur（1857）
29. patient autonomy（1870）　30. slang expressions（1874）

『システム英単語〈5訂版〉』p. 303 ～ 306　問題冊子 p. 134

64 Final Stage No. 1881 ～ 1910

1. 1．用心 (1882)　2．熱望 (1885)　3．部下 (1890)
4．加入者 (1894)　5．さび (1897)

2. 6．bunch (1883)　7．shortcomings (1884)　8．shipping (1887)
9．midst ／ of (1899)　10. friction ／ between (1904)
11. contempt ／ for (1907)

3. 12. politician = **statesman** (1889)　13. longitude ⇔ **latitude** (1903)

4. 14. ② (1888)　15. ① (1891)　16. ③ (1893)　17. ③ (1895)　18. ① (1900)
19. ② (1902)　20. ③ (1905)　21. ① (1906)　22. ② (1909)

5. 23. ① (1881)　24. ④ (1886)　25. ② (1892)　26. ③ (1896)　27. ① (1908)
28. ③ (1910)

6. 29. public sanitation (1898)　30. an English proficiency test (1901)

『システム英単語〈5訂版〉』p. 307 ~ 310　問題冊子 p. 136

65 Final Stage No. 1911 ~ 1940

1. 1．赤字（1914）　2．領域（1918）　3．植生（1924）
4．突然変異（1926）

2. 5．bribe（1911）　6．bulk ／ of（1915）　7．ashes（1917）
8．in ／ accord ／ with（1931）　9．array ／ of（1933）　10. clash（1934）
11. onset（1940）

3. 12. ③（1919）　13. ①（1920）　14. ③（1922）　15. ②（1925）　16. ①（1927）
17. ③（1928）　18. ③（1930）　19. ②（1935）

4. 20. ③（1912）　21. ③（1923）　22. ④（1932）　23. ②（1936）

5. 24. weddings and funerals（1913）　25. how to marry a millionaire（1916）
26. buy a drink from a vending machine（1921）
27. the Kyoto Protocol（1929）　28. a graduation thesis（1937）
29. a four-digit number（1938）　30. a political agenda（1939）

『システム英単語〈5訂版〉』p. 310～314　問題冊子 p. 138

66 Final Stage No.1941～1970

1. 1．小作農（1941）　2．薄暗い（1945）　3．正当な（1946）
4．すばやい（1948）　5．まじめな（1953）　6．めまいがする（1961）
7．湿った（1964）

2. 8．authentic（1959）　9．doomed ／ to（1966）

3. 10. horizontal ⇔ **vertical**（1955）　11. objective（728）⇔ **subjective**（1957）
12. dynamic ⇔ **static**（1965）　13. countless（1687）= **innumerable**（1968）
14. awkward（829）= **clumsy**（1969）

4. 15. ①（1944）　16. ③（1949）　17. ①（1951）　18. ①（1952）　19. ②（1956）
20. ③（1958）　21. ③（1962）　22. ①（1963）　23. ①（1967）　24. ③（1970）

5. 25. ②（1943）　26. ④（1950）　27. ②（1954）　28. ④（1960）

6. 29. harmful ultraviolet light（1942）
30. the adverse effect of global warming（1947）

PLUS
④ ★ **wheat**（1042）のみ [iː]。他は [e]。

『システム英単語〈5訂版〉』p. 314～317　問題冊子 p. 140

67 Final Stage No. 1971～2000

1. 1．ごう慢な（1975）　2．すらりとした（1979）　3．懐疑的な（1982）
4．豊富な（1986）　5．野蛮な（1988）　6．雄弁な（1990）
7．やさしい（1998）　8．本来の（2000）

2. 9．obsessed／with（1971）10. preoccupied／with（1976）11. coherent（1989）
12. prone／to（1994）

3. 13. infamous = **notorious**（1983）

4. 14. ①（1972）　15. ②（1973）　16. ③（1978）　17. ①（1980）　18. ②（1984）
19. ①（1987）　20. ②（1991）　21. ①（1993）　22. ①（1995）　23. ③（1999）

5. 24. ④（1974）　25. ②（1977）　26. ①（1981）　27. ④（1985）　28. ②（1992）
29. ①（1996）　30. ③（1997）

『システム英単語〈5訂版〉』p. 317 ～ 321　問題冊子 p. 142

68 Final Stage No. 2001～2027

1. 1．強力な（2005）　2．複雑な（2012）　3．人口統計の（2013）
4．無傷の（2015）　5．陽気な（2018）　6．永続する（2019）
7．主に（2026）

2. 8．compatible ／ with（2002）　9．intent ／ on（2016）

3. 10. ③（2001）　11. ①（2003）　12. ②（2009）　13. ③（2011）　14. ①（2017）
15. ②（2020）　16. ①（2022）　17. ②（2024）　18. ①（2025）

4. 19. ②（2004）　20. ③（2006）　21. ④（2007）　22. ③（2010）　23. ②（2014）
24. ④（2021）　25. ②（2023）　26. ②（2027）

5. 27. secondhand smoke（2008）

『システム英単語〈5訂版〉』p. 324 ～ 327　問題冊子 p. 144

69 多義語の Brush Up　No. 1～20

1. 1．患者（7）　2．仲間（10）　3．に出席する（11）
4．さもなければ（12）　5．その他の点では（12）　6．用語（14）
7．実践（15）　8．人種（17）　9．問題（18）
10．党（19）　11．余地（20）

2. 12. right（3）　13. case ／ with（7）　14. miss（13）
15. terms ／ with（14）　16. challenge（16）　17. party（19）

3. 18. ③（3）　19. ①（4）　20. ④（5）　21. ②（9）　22. ②（9）
23. ④（11）　24. ④（15）

4. 25. run a big company（1）　26. meet people's needs（2）
27. The war lasted four years.（4）　28. Now it's your turn.（6）
29. face a problem（8）　30. miss the last train（13）

70 多義語の Brush Up No. 21～40

1. 1．意味（21）　2．数字（24）　3．健全な（28）
4．不安（30）　5．さらに（31）　6．意志（37）

2. 7．senses（21）　8．do（22）　9．on ／ part（23）
10. very（26）　11. order ／ from（27）　12. In ／ ways（29）
13. meant ／ to（33）　14. leave（34）　15. most（35）
16. Things（36）　17. state（38）　18. help（40）

3. 19. ④（28）　20. ④（29）　21. ③（30）　22. ③（32）　23. ③（33）
24. ④（38）

4. 25. do harm to the area（22）　26. play a part in the economy（23）
27. his true character（25）　28. law and order（27）
29. I love you. I mean it.（33）　30. I don't mind walking.（39）

『システム英単語〈5訂版〉』p. 332 ~ 335　問題冊子 p. 148

71 多義語の Brush Up No. 41 ~ 60

1. 1. 原因（46）　2. 人類（49）　3. 出席している（53）
4. 作品（54）　5. うまく行く（54）　6. 一流の（55）
7. 階級（58）

2. 8. matter（41）　9. matter ／ with（41）　10. content ／ with（43）
11. respects（44）　12. fortune（48）　13. form（51）
14. present ／ with（53）　15. leads ／ to（55）　16. natural（59）
17. free ／ from（60）

3. 18. ②（41）　19. ②（45）　20. ③（46）　21. ④（47）

4. 22. a means of communication（42）　23. a man of means（42）
24. cause a lot of trouble（46）　25. a means to an end（50）
26. Keep the change.（52）　27. the present and future（53）
28. There is no life on the moon.（56）　29. I don't care what you say.（57）
30. sleep in class（58）

『システム英単語〈5訂版〉』p. 335 ~ 339　問題冊子 p. 150

72 多義語の Brush Up No. 61 ~ 80

1. 1．可能性（64）　2．利益（66）　3．量（72）
4．細かい（78）

2. 5．head ／ for（61）　6．deal ／ with（62）　7．view ／ of（63）
8．view ／ as（63）　9．fail ／ to（67）　10．rule（70）
11．amount ／ to（72）　12．long ／ for（73）　13．in ／ line（74）
14．subject ／ to（76）　15．fine ／ for（78）　16．remember ／ to（80）

3. 17．①（79）

4. 18．②（62）　19．②（65）　20．③（70）　21．①（71）

5. 22．a close friend（65）　23．major in economics（68）
24．agree to his proposal（69）　25．I agree with you.（69）
26．The line is busy.（74）　27．a word of six letters（75）
28．My favorite subject is math.（76）　29．the rest of his life（77）
30．Let's take a rest.（77）

『システム英単語〈5訂版〉』p. 339 ~ 342　問題冊子 p. 152

73 多義語の Brush Up　No. 81 ~ 100

1. 1．を予約する（82）　2．説明する（86）　3．発砲する（88）
4．物体（89）　5．対象（89）　6．を経営する（90）
7．欠点（94）　8．を主張する（100）

2. 9．covers（81）　10. account ／ for（86）　11. art（87）
12. fired ／ from（88）　13. manage ／ to（90）　14. assume（92）
15. direct ／ to（93）　16. due ／ to（95）　17. in ／ manner（96）

3. 18. ③（81）　19. ③（83）　20. ①（84）　21. ③（85）　22. ②（92）
23. ③（95）　24. ②（96）　25. ①（98）

4. 26. ③（94）　27. ②（99）

5. 28. save time and trouble（84）　29. object to his drinking（89）
30. a pretty long time（97）

『システム英単語〈5訂版〉』p. 342 ~ 345　問題冊子 p. 154

74 多義語の Brush Up No. 101 ~ 120

1. 1．堅い（101）　2．に耐える（107）　3．を行う（113）
4．教訓（117）　5．を否定する（118）

2. 6．command（106）　7．stick ／ to（108）　8．in ／ fashion（110）
9．in ／ charge ／ of（111）　10. charged ／ with（111）　11. to ／ degree（116）

3. 12. ③（102）　13. ②（105）　14. ①（108）　15. ③（109）　16. ③（111）
17. ③（114）　18. ①（118）　19. ③（119）

4. 20. ③（101）　21. ④（103）　22. ④（104）　23. ①（106）　24. ④（115）

5. 25. a newspaper article（102）　26. I appreciate your help.（104）
27. a fixed point（109）　28. observe the comet（112）
29. get in touch with him by phone（115）
30. the nature of language（120）

『システム英単語〈5訂版〉』p. 346～349　問題冊子 p. 156

75 多義語のBrush Up No. 121～140

1. 1. 演説（121）　2. 出版（122）　3. かつて（127）
4. 平らな（135）　5. 余分な（136）

2. 6. addressed（121）　7. pity／for（124）　8. beat（125）
9. point／out（126）　10. point／in（126）　11. Once（127）
12. on／diet（128）　13. sort（132）　14. bound／to（134）
15. bound／for（134）　16. spare（136）　17. tongue（138）
18. succeed／to（140）

3. 19. ②（123）　20. ②（137）

4. 21. ②（121）　22. ③（130）　23. ②（131）　24. ②（133）　25. ②（139）

5. 26. It's a pity that he can't come.（124）　27. a healthy diet（128）
28. write a paper on economics（129）　29. a dinner check（130）
30. the capital of Australia（137）

『システム英単語〈5訂版〉』p. 349 ～ 352　問題冊子 p. 158

76 多義語の Brush Up No. 141 ～ 160

1. 1．を除いて（143）　2．分野（147）　3．請求書（148）
4．腹を立てた（151）　5．恥（155）　6．なまり（158）
7．故（160）

2. 8．given（144）　9．pay（145）　10．good（146）
11．yield ／ to（152）　12．rear（153）　13．shame（155）
14．drive ／ away（157）

3. 15．③（142）　16．③（144）　17．③（148）　18．①（150）　19．②（156）
20．③（157）

4. 21．④（141）　22．②（143）　23．②（147）　24．②（149）　25．④（152）
26．②（154）　27．②（159）

5. 28．settle in America（141）　29．equal pay for equal work（145）
30．waste money（156）

『システム英単語〈5訂版〉』p. 352～356　問題冊子 p. 160

11 多義語の Brush Up No. 161～184

1. 1．悪徳（163）　2．階（164）　3．健康な（170）
4．紙幣（171）　5．権力（173）　6．たとえば（174）
7．細かい（176）　8．判決（177）　9．才能ある（178）
10. 慣らされている（184）

2. 11. trick ／ on（167）　12. noted ／ for（171）　13. control（172）
14. like（179）　15. spell（181）　16. air（182）

3. 17. ①（166）　18. ③（167）　19. ②（168）　20. ③（171）　21. ②（175）
22. ①（181）

4. 23. ④（162）　24. ②（169）　25. ②（171）　26. ①（180）　27. ①（183）

5. 28. her body and soul（161）　29. vice president（163）
30. She was moved by my story.（165）